朝日新書
Asahi Shinsho 923

鵺《ぬえ》の政権

ドキュメント岸田官邸620日

朝日新聞政治部

朝日新聞出版

凡例

・本書は朝日新聞と朝日新聞デジタルに発表された記事（2022年1月5日～2023年6月16日）に、大幅な加筆修正を行い再構成したものである
・登場人物の肩書と年齢、一部の事実関係は原則として取材当時のものである
・本文の写真はすべて朝日新聞社提供
・敬称は原則として省略した

プロローグ

岸田政権の発足から1年半が経とうとしていた2023年3月、政府の新年度予算案が衆院を通過して成立が確実になったころ、首相・岸田文雄は明らかに変わった。その言動から「自信」のようなものがにじみ出るようになった。

「予算委員会の最中でも支持率は上がっている。そういう意味でうまくやれている」

「政策議論は望むところだ。どんどんやればいい」

だが、3カ月前はまるで違った。

独断に近い形で決めた元首相・安倍晋三の国葬が、安倍と世界平和統一家庭連合（旧統一教会）との関係が明らかになるにつれて批判を招き、教団との関係を説明しきれない閣僚に加えて、失言や政治資金問題で閣僚が相次ぎ辞任する「異常事態」が起きていた。

「政権は判断能力を失っている」（自民党ベテラン）

「もう支持率は簡単には回復しない」（官邸幹部）

政権内には悲観論が充満し、岸田が地元広島で開く主要7カ国首脳会議（G7広島サミット）を最後に退陣を余儀なくされる「サミット花道論」が、まことしやかに語られていた。

2022年の終わり、岸田は歴代政権が認めてこなかった敵基地攻撃能力（反撃能力）の保有や原発の新規建設といった政策転換を図った。年の瀬には、4人目の閣僚辞任となる復興相・秋葉賢也を更迭して不祥事の連鎖を断ち切ると、年が明けた2023年1月、三重県伊勢市で開いた年頭の記者会見で、新たに「異次元の少子化対策」を打ち出した。

その後も、安倍の看板政策「アベノミクス」を10年間支えた日本銀行総裁の黒田東彦《はるひこ》の後任人事、「戦後最悪」といわれた日韓関係の立て直し、戦火のウクライナへの電撃訪問と、傾きかけた政権には荷が重いとみられていた「難題」を次々とクリアしていった。

矢継ぎ早に「成果」を上げた岸田だったが、付きまとう評価は「首相として何がやりたいか分からない」「首相でいることが目的」といった後ろ向きなものばかりだった。

そんな岸田への「物足りなさ」は、多分に「戦後レジームからの脱却」「美しい国」など自らの旗幟《きし》を鮮明にし、賛否を巻き起こしながらも強烈な存在感を放った安倍との対比によって強まった面も大きい。重大な政策転換をしながら国会答弁や記者会見では、通り一遍の説明を繰り返すばかりの岸田の姿勢も、首相としての存在意義を問われる要因になっていた。

岸田自身が好んで繰り返す時代の大きな「転換点」にあるいま、「首相が何をしたいのか分からない」ことを政治記者として見過ごすわけにはいかない。その一方で、暗黙のうちに「安倍政権と比べると特徴がない、やりたいことが見えない」と決めつけることも思考停止のように思えた。

支持率は低位安定ながらも高揚感に包まれる岸田やその周辺と、それを取材する記者を含む周囲の見方とのズレが広がっていく。そうした居心地の悪さが強まるにつれて、最も身近に最高権力者とその館を取材する総勢13人の朝日新聞首相官邸クラブだからこそ見える、岸田と岸田官邸の「状況対応型」ゆえの強さと危うさを併せ持つ本質を言葉にして伝えていくことが、政治記者の最も重要な仕事ではないか。こう思うようになった。

2023年3月中旬、首相官邸の真向かいにある国会記者会館の一室に首相官邸クラブで取材の中枢を担う記者が集まった。

日ごろの政治取材は忙しい。この国の行方を直接・間接的に決定づける首相やそのスタッフの言動を朝も夜も追いかける。日中も記者会見や国会審議、政府の重要な会議や個別政策のレクチャーなど取材日程は目白押しだ。

その一つひとつを追い、水面下に隠れた情報を含めて必要なニュースを過不足なく報じることが政治記者の本務であり、権力監視の一端だ。だが、それだけではこぼれ落ちたり後回しにしてしまったりすることもある。それこそが、永田町の住人たちも私たち記者もつかみかねていた、岸田官邸を言語化する作業ではないかと考えた。

忙しさにかまける日常への自戒を込めて、企画の立ち上げに際してはあえて立ち止まる時間を作り、記者同士が議論し合う場を設けた。いずれの記者も昼も夜もなく岸田官邸と向き合い、中には首相になる前から数年間にわたって岸田を取材し続けてきた記者もいた。そうした記者たちの取材の積み重ねから見えてくる、首相としての岸田や岸田官邸の特性やクセ、強みや弱みとは何か。日々の意思決定はどのようなプロセスで決まり、誰が実質的な力を持っているのか。そもそも岸田自身は政権運営を通じて何をめざしているのか。

2カ月近く毎週のように集まっては議論し、それぞれの記者が持つ「首相としての岸田文雄」や「岸田官邸」のイメージをすり合わせた。並行して裏付け取材を進めることで、岸田や岸田官邸を言語化する作業を重ねていった。

そうした過程を経て、２０２３年５月の大型連休に朝日新聞の紙面とデジタルで展開した連載企画「岸田官邸の実像」を核に、そこに至る前史と連載後のＧ７広島サミットまでのインサイド記事や検証記事をまとめたのが本書である。

同時代的に、首相や政権の政治的評価を下すことは難しい。政治は一夜にして変わり、いずれ来る政権の終幕時に振り返ったとき、的外れな認定や評価をしていないかと思わずひるみそうになる。それでも、日本政治の歴史の一コマを間近で取材する機会を得た者として、本書では、積み上げてきた事実から岸田官邸の輪郭と内実を、できるだけクリアに描き出そうと試みた。岸田官邸とはいったい何なのか。２０２１年10月４日の政権発足から、岸田が早期の衆院解散を封じた２０２３年６月15日までの６２０日を描いた本書を通じて、読者と思考を共有することを願ってやまない。

朝日新聞ネットワーク報道本部次長（前政治部首相官邸取材キャップ）　石松　恒

鵺《ぬえ》の政権

ドキュメント岸田官邸620日

目次

第2部　実像

第7章　岸田官邸の実像

年表

岸田政権の主な出来事

【2021年】

9月29日	菅義偉・首相の後任を選ぶ自民党総裁選で、岸田文雄・前政調会長が、河野太郎・行政改革相、高市早苗・前総務相、野田聖子・幹事長代行を破り、総裁に選出
10月4日	岸田政権発足
31日	衆院選で勝利
11月4日	衆院選小選挙区で落選した甘利明氏が自民党幹事長を辞任。後任に茂木敏充氏を起用

【2022年】

2月24日	ロシアがウクライナに侵攻

5月23日	来日中の米国のバイデン大統領と首脳会談。日本の防衛力の抜本的な強化と防衛費の相当な増額を確保する決意を首相が表明
7月8日	安倍晋三・元首相が遊説中に銃撃され死亡
10日	参院選で自民党大勝
8月10日	内閣改造・自民党役員人事
21日	首相が新型コロナウイルス陽性
9月27日	安倍氏の国葬
10月4日	北朝鮮が弾道ミサイルを発射し、青森県付近の日本上空を通過して太平洋に落下
24日	山際大志郎・経済再生相を事実上更迭
11月11日	葉梨康弘・法相を事実上更迭
20日	寺田稔・総務相を事実上更迭

12月10日　不当寄付勧誘防止法（救済新法）成立
16日　敵基地攻撃能力（反撃能力）の保有を盛り込んだ安全保障関連3文書を改定
22日　原発の新設や60年超の運転を認める「GX実現に向けた基本方針案」とりまとめ
27日　秋葉賢也・復興相、杉田水脈・総務政務官を事実上更迭

【2023年】

1月4日　年頭記者会見で「異次元の少子化対策」を表明
13日　米ワシントンでバイデン大統領と日米首脳会談
2月4日　荒井勝喜・首相秘書官を更迭
14日　日銀総裁に植田和男氏を充てる人事案を国会に提示
3月16日　韓国の尹錫悦大統領が来日して日韓首脳会談
21日　ウクライナを電撃訪問

28日	23年度政府予算が成立
4月23日	衆参5補選で自民党が4勝1敗
5月19〜21日	広島で主要7カ国首脳会議（G7広島サミット）。ウクライナのゼレンスキー大統領来日
29日	首相の長男で政務担当秘書官の翔太郎氏を事実上更迭
6月15日	首相、「今国会での解散は考えていない」と通常国会での衆院解散の見送りを表明
16日	防衛費増額の財源を裏付ける財源確保法が成立
21日	マイナンバーをめぐるトラブルの続出を受け、総点検本部を設置

第1部

変容

2021年10月４日、岸田文雄は首相に就任した。憲政史上最長の安倍晋三、約１年で退いた菅義偉の後を継いだ岸田は、官邸、自民党、霞が関のありようを変容させていく。政権が誕生してからの３カ月の軌跡をたどった。

第１章

政権発足

鵺《ぬえ》のような政権

2021年12月12日、日曜日の首相公邸。上座についた首相の岸田文雄を秘書官たちが囲んだ。岸田はこの年の10月4日に首相に就任。初めて臨む衆院予算委員会を翌日に控えていた。焦点は、「10万円給付」だった。

子育て世帯を支援するため、児童手当の所得制限を超えた世帯をのぞき、18歳以下の子ども1人あたり10万円を給付する――。過去最大の35兆円超に積み上がった補正予算などを使って、岸田政権が最初にぶち上げた現金給付策だ。

だが、新政権の「実績」を急ぐあまり、政策の意義も、制度設計もあいまいで、混乱の種になっていた。

年内に現金5万円を支給し、残り5万円分は翌年にクーポンとして渡す当初の案だと、事務作業にかかる費用が約1200億円に上ることが判明。地方自治体から「ニーズに合っていない」との批判も相次いだ。

12月8日、岸田は衆院代表質問への答弁で「全額現金給付」を容認した。それでも批判は収まらず、今度は分割給付に矛先が向いた。一問一答形式の予算委で岸田が集中砲火を浴びるのは目に見えていた。

混乱の最中の10日ごろ、財務省から岸田のもとに報告が入った。自治体が年内に10万円を一括給付しても、後から国が5万円を補塡《ほてん》できる――。岸田は言った。「できるんだったらやればいいじゃん。自治体に迷惑かけるのはよくないしな」

そして12日。公邸では、自治体が現金一括給付をする際の条件が話し合われた。用意された資料には細かな条件が書き連ねられていた。

秘書官の一人がこぼした。「これ、わかりにくいですね」

岸田は言った。

「そうだな。10万、年内、現金、一括、条件なし、でいこう」

政権の目玉政策は、あっさりとその姿を変えた。

受験生への対応「朝令暮改と言われようが……」

首相就任3カ月を迎えた22年1月4日、岸田は新年の伊勢参り後の記者会見で、自らの政権運営を誇った。

「一度物事を決めたとしても、状況が変化したならば、あるいは様々な議論が行われた結果を受けて、柔軟な対応をする。こういったことも躊躇《ちゅうちょ》してはならないと思っている」

しかし、「柔軟な対応」に伴う混乱は、「10万円給付」をめぐる方針転換ばかりではなかった。

混乱はその8日前にも起きていた。

年の瀬も押し迫った２０２１年12月27日、岸田は記者団を前に、切り出した。

「受験生の皆さんの間に不安が広がっている。こうした不安を重く受け止めて、私から別室受験を含め、できる限り受験機会を確保する方策について、昨日、文部科学相に検討を指示した」

新型コロナウイルスのオミクロン株感染者の濃厚接触者となった受験生への対応が問題になっていた。宿泊施設への滞在が求められている期間中は受験できず、追試験で対応するとの通知を文科省が12月24日に出し、批判が高まった。岸田は文科省が決定したばかりの対応を覆すように指示したと述べ、「一両日中に具体的な方策を示せると考えている」と、むしろ胸を張った。

岸田が11月に出したオミクロン株の水際対策強化の指示をきっかけに、国土交通省が日本に到着する国際線の新規予約を12月末まで止めるよう航空会社に要請し、混乱した問題と構造は同じだ。海外滞在の日本人が帰国できなくなる可能性が指摘されて批判が噴出すると、岸田は3日後に要請を撤回させた。官邸幹部は「みんな走りながらやっているからこうなる」と拙速さを認めた。

ワクチンの3回目接種でも、前倒し接種を求める声の高まりを受け、時期や対象など詳細を詰めきらぬまま前倒しを表明して地方自治体の混乱を招いた。別の幹部は「軌道修正は当然だ。朝令暮改と言われようが妥当な判断だ」と話した。

自民党幹部「鵺みたいな政権だ」

このころ岸田が意識していたのは、自民党が政権に返り咲いた2012年以降、長期政権を築いた元首相の安倍晋三と前首相の菅義偉《すがよしひで》だ。両政権の行き過ぎた点や足らざる点を「反面教師」に自らの立ち位置を定めた。

安倍・菅政権下での「官邸主導」は、民主党政権の「決められない政治」を反面教師に、時に強引な対応で世論の反発を呼んだ。そして、コロナ対策の多くの局面で後手に回ったとの批判を浴び、急速に求心力を失って瓦解《がかい》した。それゆえ岸田は先手を打つことにこだわり、批判を受ければ、ためらうことなく方針を転じた。変わり身の早さを、自民党幹部はこう評した。

「鵺みたいな政権だ」

融通無碍《むげ》を可能にしているのは、岸田自身のこだわりのなさだ。安倍や菅のように、自らが立てた旗を振って政策を推し進めようとはしない。党政調会長時代の岸田とともに仕事をした閣僚経験者は「受け身で、調整型。こだわりのなさから『無色』に映った」と振り返る。

だから時に野党の言い分も丸のみする。

内閣官房参与に任命した元自民党幹事長で盟友の石原伸晃《のぶてる》が代表を務める政党支部が雇用調整助成金を受け取っていたことを問題視されると、わずか1週間でクビを切った。高額な保管費用が批判された「アベノマスク」は、年度内に廃棄することを、自ら記者会見で発表した。結果的に争点を潰してしまうしたたかさに、野党からは「やりづらい」との声が漏れる。

「聞く力」を盾にした「安全運転」に、報道各社の世論調査は上向き傾向を示した。12月の朝日新聞の調査では内閣支持率が49％で、10月の内閣発足直後の45％を上回った。首相官邸には、高揚感すら漂った。政権幹部は「もしかしたら長生きするかもしれない」と自信をのぞかせた。

ただ、柔軟さはもろ刃の剣でもある。羅針盤なき政策で不安定なかじ取りを重ねれば、政権は迷走するほかなく、そのツケは国民に及びかねない。そもそも求心力の源泉となる「旗」を持たない岸田には、遠心力が働きやすい。

安倍・菅両政権の中枢を務めたある議員は、岸田政権が内包する危うさに警鐘を鳴らした。

「一度決めたことが変わってしまうと、『首相の決定事項』という重さがなくなる。今後、国民に負担を求めるような厳しい政策に取り組むとき、ぐらつき、何も決められなくなるだろう」

見据えた「黄金の3年」

衆院選の勝利から1カ月後の2021年11月30日、自民党本部4階にある総裁執務室で、首相で総裁の岸田と副総裁の麻生《あそう》太郎、幹事長の茂木《もてぎ》敏充《としみつ》は参院選の投開票日を協議していた。

「参院側は、できるだけ早い方がいいと言っている」。通常国会の召集日と参院選の日程を組み合わせた複数のシナリオを示した資料を手元に、岸田は述べた。7月10日や17日、24日が投開票日候補だったが、事実上、10日を推した。

17日だと若者の投票率が下がることが想定される3連休ということもあり、麻生は「今の自民党は若者の支持が強いですからねえ。投票率は森政権なら低いほうがいいが、いまは高いほうがいい」。

茂木は「公示日が沖縄慰霊の日（6月23日）と重なるので1日早めては」と述べ、政権が最重視する参院選の日程が固まっていった。

「官邸にいると情報が入ってこない」

歴代の自民党総裁は首相に就いてからは官邸にいることが多い。総裁執務室を活用する機会は少ないが、岸田は好んで足を運び、政権の重要課題を協議する。２０２１年11月から12月に党本部に入ったのは13回。２０２０年の同じ時期に前首相の菅義偉が7回、19年に元首相の安倍晋三が1回だったのに比べて抜きんでている。

自民党の役員会を前に話をする岸田文雄首相（中央）と麻生太郎副総裁（右）。左は茂木敏充幹事長

安倍・菅両政権では官邸の力が圧倒的で党の力が弱い「政高党低」と言われたが、ひずみも大きかった。岸田自身も政調会長時代、党の意向が政府方針に反映されない場面があり、党内に不満がたまっていることを熟知している。総裁選では「政高党高」を打ち出していた。岸田は茂木とは直接会うだけでなく、週2回は電話で意思疎通を図った。

党を重視する事情は他にもある。岸田は党内派閥「宏《こう》池会《ちかい》」の会長だが、勢力は党内5位（当時）。党主流派の支えがなければ、一気に政権を失う恐ろしさは、無派閥の菅が首相だった政権末期に目の当たりにしたばかりだ。岸田は周囲に「官邸にいるとなかなか情報が入ってこない。意思疎通を図ることは大事だ」と話す。党への配慮は欠かさない。「アジアで民主主義国のリーダーにならなきゃダメだ。そのために日本が（ボイコットを）言わなきゃ」

２０２１年12月23日、岸田は安倍から翌年の北京冬季五輪・パラリンピックを「外交ボイコット」するよう求められると、「近いうちに」と応じ、その翌日には政府関係者を派遣しない方針を表明した。

新型コロナウイルス対応で3回目のワクチンを医療従事者に接種してもらうことは前厚生労働相の田村憲久《のりひさ》らが主導。「こども庁」の名称をめぐり党内や公明党から変更を求められると「こども家庭庁」に変えた。

かつての自民党政権のように党が強くなりすぎると、「権力の二重構造」や「透明性の確保」といった課題も再燃しかねないが、岸田に迷いはなかった。見据えていたのは２０２２年夏の参院選。ここで勝利すれば、「黄金の3年」と呼ばれる国政選挙をしなくてもいい期間が手に入るとみられていた。

雇用保険料率の引き上げは先送り――。当初予定していた引き上げ時期を春から秋に先送りすることが2021年12月末の予算編成の最中、急きょ決まった。これも党主導だった。働き手や企業の負担が参院選直前に増えることを嫌った参院幹事長・世《せ》耕弘成《こうひろしげ》の意向に官邸が即座に応じた。参院選に向けた不安材料を少しでも取り除くためだ。通常国会では野党の反発を招く可能性がある法案は極力抑えた。首相周辺は「参院選まで、のらりくらりいく」と語った。

不満募らせる安倍氏、声を掛けた先は

2021年10月の衆院選では「絶対安定多数」の261議席を確保した。党内への配慮の積み重ねもあって、永田町は表向き静かにみえるが、火種はあった。最大派閥会長の安倍は、勢力が同数で第2位の派閥を率いる麻生や茂木ほどの処遇を受けているわけではなかった。外交ボイコットも、早いタイミングで発すべきだと繰り返していたが、岸田はすぐに動かなかったため、不満を募らせていた。

菅周辺によると、その安倍はこの頃、菅に「早く派閥をつくったら？」と声をかけた。安倍は岸田が同じ宏池会を源流とする麻生派や谷垣グループと一緒になる「大宏池会」構

想を進めると警戒していたためだ。単純に足すと安倍派を上回る最大勢力となる。

菅に派閥をつくる考えはなかったが、政権中枢と距離ができている元幹事長の二階俊博が率いる二階派、前国会対策委員長（現選挙対策委員長）の森山裕《ひろし》率いる森山派などと連携する選択肢もあった。

与党が衆院選で勝っても次の参院選で負ければ、政権は暗礁に乗り上げる。過去に繰り返された歴史を意識しない与党政治家はいない。菅に近いある議員は「参院選の結果次第で政局は大きく動くだろう」と語った。

ビジョンの欠如

「これはまずいよな」

２０２１年12月上旬、岸田は顔をしかめて、報告にきた首相秘書官たちに漏らした。内閣官房参与に就いたばかりの石原伸晃が代表を務める政党支部が、新型コロナウイルスの影響を受けた事業者向けの助成金を受け取っていた。

いったん様子見を決めたが、ネットなどで批判が噴出。国会で追及の材料になることは明らかだった。翌日、秘書官らが「早く辞めさせたほうがいいです」と進言すると、岸田は「すぐに手続きを取ろう」と応じた。12月10日、岸田は国会日程の合間を縫って石原に直接電話を入れ、辞任が決まった。

前首相の菅義偉は、官房長官時代の比較的若い「課長級」の秘書官をそのまま登用したため、彼らが口を差し挟む余地はほとんどなかった。あらゆる案件を菅がさばき、「首相が決めるまで何も決まらなかった」（官邸関係者）。

「チーム岸田」でめざす官邸主導

緊張で張り詰めた官邸の雰囲気は、岸田政権の誕生でがらりと変わった。発足当初の岸田官邸で、岸田は秘書官全員と毎日のように昼食をともにした。NHKの正午のニュースを見ながら雑談を交わし、ときには秘書官の子どもの話で盛り上がった。

常に岸田のそばに控える8人の秘書官は、次官経験者や局長級ら霞が関のエースをそろえた「重厚な布陣」。コロナ対応で迷走し、「秘書官が若すぎて省庁を動かせない」(幹部官僚)とも指摘された前政権の反省から、岸田らが各省から「一本釣り」で集めた。

そんな秘書軍団を率いる嶋田隆は、経済産業省の事務次官経験者。故与謝野馨《よさのかおる》・元官房長官に長く仕えたことから、「霞が関だけでなく与党にもパイプがある」(財務省幹部)。岸田と同じ東京・開成高校出身だ。

その嶋田と同じ経産省出身で商務情報政策局長だった荒井勝喜《まさよし》は、岸田が消費者行政推進担当相だった2008年ごろからの仲だ。ただ、荒井は2023年2月3日、首相官邸のエントランスで記者団に、性的少数者や同性婚をめぐって「隣に住んでいるのもちょっと嫌だ」などと差別発言をしたことを受けて、翌日に岸田に更迭された。

当時、政権が最大のリスク案件として重視した新型コロナウイルス対策は、財務省で主計局次長だった宇波弘貴《うなみひろたか》が中心を担った。日本医師会など業界との調整を重視する厚生労働省任せにはしなかった。感染力が2倍や3倍になった場合の病床確保策や、実際はコロナ患者用に使われない「幽霊病床」の公表といった厳しい対策を、さっそく押し通した。

秘書官とともに岸田を支えるのが官房副長官の木原誠二ら自民党岸田派（宏池会）の側近たちだ。木原は派閥の事務局長でもあり、元財務官僚の経験を生かし、岸田の政策ブレーンとして支えてきた。官邸でも、岸田の代理として各政策などについて「前さばき役」を担っている。

岸田に対する各省庁からの政策説明には、木原も同席し、岸田に「これでいいですか」と確認を求められる場面もある。政策実現には、まず木原の説得が必要だと「各省庁の『木原詣で』が増えている」（官邸関係者）とされ、霞が関からは、以前より風通しが良くなったとの声も漏れた。

安倍・菅政権では、「官邸官僚」が中央省庁の人事権や情報を操り、霞が関ににらみをきかせ、「官邸一強」を築きあげた。中心にいたのが警察庁出身で官房副長官だった杉田和博や、国土交通省出身で首相補佐官だった和泉洋人《いずみひろと》だ。強烈なトップダウンによる政策決定が特徴で、その副作用として官邸への「忖度《そんたく》」も生み出した。

岸田政権がめざしたのは、秘書官と宏池会中心の側近らによる「チーム岸田」が、政策立案する新しい形の「官邸主導」だ。とりわけ岸田は「調和」を重視する。かつて周囲にこうも語っていた。

「安倍さんはトップダウンだが自分はボトムアップ。政治哲学も信条も違う」

国会での所信表明演説で引用したアフリカのことわざに、その姿勢がよく表れていた。

「早く行きたければ、一人で進め。遠くまで行きたければ、みんなで進め」

「聞く力だけでは……」参院選へ危惧も

ただ、政権発足3カ月を経ても、「チーム岸田」がめざす政策の具体像は、はっきりしなかった。

「せめて春まで見通せる支援が欲しい」

自民党総裁選で岸田が掲げた「岸田ノート」には、自らが直接聞き取った「国民の声」が記されていた。コロナ禍にあって多くは、経営に苦しむ中小企業オーナーらの声だったという。

2021年11月発表の経済対策で岸田が最もこだわったのは、中小企業に最大250万円を一括支給する「事業復活支援金」。中小企業支援は自らが銀行マンだった頃に携わり、政調会長時代も注力した。「日本はほとんどが中小企業。選挙対策にもなる」との確信があった。

これを呼び水として、公明党が求めた子育て世代への10万円給付をのみ込み、「バラマキ」色が鮮明となった。その規模は、財政支出で過去最大の55・7兆円。かつて党の「財政再建推進本部」のトップを務め、財政再建派と呼ばれていた姿は見る影もなかった。

政権の看板政策として掲げた「新しい資本主義」も迷走ぎみで、会議立ち上げ前からつまずいていた。

「首相としてやりたい政策はないのではないか」

「なんか違うんだよな」

政権発足直後の10月上旬、岸田は木原、嶋田とともに「新しい資本主義実現会議」の民間委員の人選をしていた。事務方が上げてきた案に、岸田は納得しなかった。

「では、どんな感じですか?」

側近2人に繰り返し問われても、うなってばかりいた。

そんな岸田が最後にこう発した。

「ビジョンを作りたいんだよね」

内閣府幹部はこうぼやいた。

「どこへ向かおうとしているか、いまだに方向感が分からない」

「新しい資本主義」は、岸田のかねての持論で、菅に大敗した20年の総裁選でも掲げていた。それ以前も、中間層の拡大をめざして「『もうかっていますか』でなく『幸せですか』と問える政治」などと、何度か言葉を変えながら主張してきた。

長年の持論にもかかわらず、岸田は「ビジョン」をこれからつくると表明した。岸田派の関係者は「人から提案されたものを採り入れてきたから、実は具体性がない」と認めた。

実際、格差是正策の一つとして言及した金融所得課税の強化は、株式市場から反発を受けたことなどで早々に先送りした。2022年度の税制改正大綱に盛り込んだ賃上げ促進税制も、効果は限定的と受け止められた。

本当は首相としてやりたい政策はないのではないか——。与党議員や官僚の間ではそうした声もささやかれ始めた。

岸田が自負する「聞く力」だけでは、めざす社会像を国民に示すことはかなわない。「国民のなかでも『それは何なの？』との疑問が、これからもっと広がる」。官邸幹部を経験したベテラン議員はそう話し、そのまま2022年夏の参院選に突入することを危惧した。

「黙っていて安定政権になるわけがない。支持を得るには具体的な政策を打ち続けなければいけない」

だが、このころ、岸田には新しい具体的な政策を打ち出す余裕がなかった。政権の立ち上げと並行して、新型コロナウイルスのオミクロン株と戦っていたからだ。

岸田文雄が首相に就任してまもなくの2021年11月、新型コロナウイルスの変異株「オミクロン株」が出現した。岸田は未知のウイルスとの約120日に及ぶ戦いに挑んだ。

第２章

オミクロン攻防

水際対策、狂った目算

「追い返せないか」

2021年11月26日、首相官邸幹部が「今夜も対象地域から1便入るようです」と伝えると岸田が言った。岸田はいら立っていた。

この日、WHO（世界保健機関）は南アフリカで報告されたコロナウイルスの変異株を「オミクロン株」と命名。日本政府は、南アフリカなど周辺6カ国を対象に水際対策の強化を発表したばかりだった。

岸田政権の発足から約2カ月。岸田の脳裏をかすめたのは、コロナ対応が「後手」に回り、政権運営が窮地に陥った安倍・菅政権の失敗だった。2022年夏の参院選を安定政権の足がかりにしたい岸田にとって、まさに初めて迎える正念場だった。

「いや、全部だ」秘書官の提案に首を振った

自民党内の激しい政治抗争を経て岸田が首相の座を手にしたのは2021年10月4日。コロナ対応を前面に掲げ、わずか10日余りで、「第6波」に向けた対策の大枠となる「全体像の骨格」を発表。感染力が「第5波」の2倍、3倍になるシナリオを想定したもので、「最悪の事態を想定した危機管理を行い、対策に万全を期す」と訴えた。

衆院選に勝利した後、11月12日には、骨格を具体化した「全体像」を打ち出す。病床の増床や「見える化」、検査の拡充、治療薬の確保などを盛り込んだ。

当時、菅前政権が注力したワクチン接種が進んだことなどから、感染は収まり、東京都の新規感染者数は、1日10人を下回る日もあった。水際対策では11月8日、原則停止していた海外のビジネス関係者や技能実習生らの新規入国を認めるなど大幅に緩和。コロナ禍の「出口」も見えかけた空気感だったが、コロナ対応に注力したのは「政権安定のためにはコロナ対策を国民に示す必要がある」（内閣官房幹部）との思いがあったからだ。

急拡大するオミクロン株

しかし、「第6波」は突然襲いかかる。

2021年11月25日、南アフリカの保健当局が新たな変異株の出現を発表。官邸側は

「首相のトップダウン」（官邸幹部）で、すぐに外務省などに水際対策強化を次々と指示した。変異株への対応を誤ると一気に求心力が低下しかねず、岸田は警戒感を強めていた。

翌26日には南アフリカやその周辺国など計6カ国に対する水際対策強化を表明。しかし、オミクロン株は、欧州やアジアで急速に拡大を続けていく。

日曜日の28日。岸田は官房長官の松野博一《ひろかず》や首相秘書官らに電話などで相次いで連絡を取った。水際対策強化をどこまで広げるか——。対象国が広すぎると、混乱や経済界からの反発が予想された。一方で、小出しの対策では「後手」との批判を招きかねない。首相秘書官が「感染が広がっている地域を中心に対象を検討しましょうか」と話すと、岸田は首を振った。「いや、（対象国は）全部だ」

岸田の判断は、外国人の全面的な新規入国停止。主要7カ国（G7）で最も厳しい対応だった。そこから秘書官らがほぼ徹夜で調整にあたり、岸田は翌29日、記者団に、年末までの「緊急避難的な予防措置」として、こう強調した。

「慎重の上にも慎重に対応すべきと考えて政権運営を行っている。岸田は慎重すぎるという批判は私がすべて負う覚悟だ」

日本国内初のオミクロン株の感染者が確認されたのはこの翌日だった。

岸田の決断は好意的に受け止められ、その後の内閣支持率の上昇をもたらした。官邸幹部は「うまくいっている」と自信を深めた。水際対策の強化も官邸幹部は当初、「1カ月もすれば状況は見えてくる」と楽観していた。

ところがこの目算はその後、狂い続ける。そして、この時の岸田自身の「成功体験」が、世論を気にするあまり、ワクチン接種などの対応変更や出口戦略といった政治判断への足かせとなっていく。

繰り返された過ち

岸田政権にとって最大の誤算は、新型コロナワクチンの3回目接種の間隔だった。

「自治体が混乱している。原則は8カ月だということを丁寧に説明してほしい」

2021年11月26日、首相官邸の執務室。岸田は、ワクチン接種を担う厚生労働相の後藤茂之《しげゆき》とワクチン担当相の堀内詔子《のりこ》から状況説明を受けると、迷いなくそう指示した。

その10日ほど前。2回目からの接種間隔について、厚生労働省は当時海外で主流だった8カ月を採用。ただし、状況次第で6カ月に前倒しできる「例外」をつけたことで、自治体から「準備が整わない」などと反発を招いていた。

「急所になる」聞き入れられなかった河野の助言

「聞く力」を掲げる岸田は、原則8カ月を徹底させることで問題を収めようとした。接種前倒しによりワクチンの数量が不足する懸念があったことや、オミクロン株へのワクチンの効き目について科学的知見が出るのを待つ慎重さも、判断を後押しした。

ところが、2大臣との協議からわずか4日後のことだ。感染力の強いオミクロン株が国内で初確認されると、状況が一変する。政府の水際対策を破って感染は瞬く間に広がり、3回目接種の「8カ月」からの短縮が、皮肉にも最大の焦点となっていく。

大阪府知事の吉村洋文《ひろふみ》はその日、府庁で記者団に「8カ月経たないと接種できないというルールは問題だ。感染が急拡大してからでは遅い」と、疑問を投げかけた。

もともと2021年10月の岸田政権発足前後は、感染状況の下火が続き、「第6波」に備えた病床確保策に比べると、3回目接種の優先度は低かった。

新政権の姿勢を苦い思いで眺めていたのが、菅前政権でワクチン担当相だった河野太郎だ。

「ワクチン接種の対応はちゃんとしておかないと、政権の急所になる」

2021年10月、河野は政権運営を担う岸田側近に助言したが、聞き入れられなかった。むしろ、別の政府高官は「ワクチン担当は時限的なもの。来年の供給のめどさえつけばいい」と楽観していた。

その言葉通り、河野の後任には、初入閣で政治経験の浅い堀内が五輪相と兼任する形で就いた。大臣直轄のワクチンチームも縮小され、合同庁舎11階の大臣室近くにあった作業部屋は、別棟の地下1階へと移された。

オミクロン株の出現により政権のワクチン軽視は裏目に出て、12月以降、泥縄式に高齢者や現役世代の6カ月への短縮を迫られた。

新規感染者は年明けから爆発的に増え、2022年1月23日には初めて全国では5万人、東京では1万人をそれぞれ超えた。高齢者施設でのクラスターも目立ち始め、その後の死者数が増える要因となっていった。

「結局は何も学んでいなかった」

「なんで進まないの。もっと増やせないのか」

岸田のいら立つ声が官邸執務室に響き渡ったのは、年が明けた1月下旬だった。

居並ぶ官邸幹部は黙ってうつむくしかなかった。岸田の手元には3回目のワクチン接種の回数が記された資料。接種回数は前日から1万回しか増えておらず、想定したペースには遠く及ばなかった。

国会に目を転じると、与野党から3回目接種のスピードが上がらないことへの批判が強まっていた。圧力に押し切られる形で、岸田は菅前政権を踏襲するかのように「1日100万回接種」を宣言せざるを得なくなった。

岸田はようやくワクチンチームの強化を指示した。人員を20人ほどに増やし、作業部屋も大臣室の近くに戻した。政府も自治体も、ワクチン接種加速に向けた態勢が整ったのは、2月に入ってから。それでも、2回目までと違うワクチンを打つ「交互接種」への不安などから、重症化リスクの高い高齢者への接種は思うように進まず、「第6波」が長引く要因となった。

ある政府関係者は、こうため息をついた。

「菅政権もワクチンに翻弄《ほんろう》されたが、岸田政権は同じ過ちを繰り返しただけで、結局は何も学んでいなかった」

早い段階で3回目接種の前倒しに踏み切れず、リスクを取ることなく後手に回った岸田。その後の爆発的な感染拡大のなかで、専門家頼みの対応が際立っていった。

専門家追従、「もろ刃の剣」

日本で最初にオミクロン株の猛威に見舞われたのが、沖縄だった。

在日米軍基地由来とみられる感染がまたたく間に市中へ広がり、2022年1月7日に新規感染者数が初めて1千人を超えた。濃厚接触者となった医師や看護師が出勤できないという、これまでにない問題に直面していた。

翌8日、東京都内でも2021年9月以来となる1千人超えを記録し、社会機能が維持できなくなる恐れが現実味を帯びる。当時14日間とされていた濃厚接触者の待機期間の短縮は、政府にとって急務の課題だった。

専門家主導のアドバルーン

「エビデンス（科学的根拠）が欲しい。『えいや』では決められない」

1月中旬、岸田は口癖のように周囲に話し、ある「リスク」について悩みを深めていた。

それは、「10日間への短縮で1％」「7日間で5％」とされる濃厚接触者の発症率だった。オミクロン株は従来のデルタ株などに比べ、発症までの潜伏期間が短いことを根拠にしており、海外では5日間に短縮する動きも出ていた。

しかし、外国人の新規入国を原則禁止した水際対策を「G7で最も厳しい水準」と胸を張る岸田にとって、コロナ対策を緩める判断はためらわれた。

政府の新型コロナウイルス感染症対策分科会の尾身茂《おみしげる》会長ら専門家の有志は、7日間に短縮するよう迫り、厚労省幹部も「もう知見は出し切った。あとはリスクを許容するかどうかだ」と政治判断を待った。

「5％」のリスクを引き受けるのか――。14日、岸田が選んだのは、発症率が「1％」の10日間への短縮だった。

感染はすでに全国で爆発的に広がり、岸田の決断の5日後には、東京都など13都県に「まん延防止等重点措置」の適用を決めた。7日間への短縮は、もはや不可避にみえた。

それでも岸田は躊躇した。政権内では「政治判断は難しい」（官邸幹部）との見方が広がった。ついに連立を組む公明党がしびれを切らして見直しを要求。政府は28日になってようやく7日間への短縮を発表した。専門家の提言から、2週間が過ぎようとしていた。

そんな岸田を専門家は、くみしやすい相手とみた。前首相の菅は専門家の意見を軽んじ、東京五輪の開催に突き進むなど、不協和音が生じた。それに対し、岸田政権では専門家主導でアドバルーンを上げ、政府が世論の反応をみながら追随するというスタイルが確立した。

濃厚接触者の待機期間だけでなく、オミクロン株感染者の全員入院の見直しや、低リスクなら検査のみで受診せず自宅療養を可能とする措置など、従来のコロナ対策の根底を覆す転換を次々と進めた。

専門家追従のきっかけは2021年9月の自民党総裁選にあった。激しい選挙戦の末に総裁に上りつめた岸田は、政権発足への準備を進めているさなか、いまの官邸中枢との間で「約束」を取り交わした。「専門家とはしっかり連携し、意見を尊重する」との基本原則だ。

菅前政権の反省から生まれたもので、その雰囲気を察してか、尾身は「岸田さんは話を聞いてくれる」「最終的には政治が判断すればいい」と、周囲に漏らすようになった。

ただ、蜜月にみえる政権と専門家との距離感は、誰が決めているのかを見えにくくする「もろ刃の剣」でもある。

社会機能の維持のため、対策を緩める過程で1月19日には尾身から「ステイホームなんて必要ない」との発言が飛び出し、大きな波紋を広げた。政府は慌てて火消しに走ったが、尾身のように岸田が大きな方向性を国民に示すことはなかった。

自ら方針転換のメッセージを打ち出すことは、反発のリスクをも引き受けることを意味する。専門家任せで、煮え切らない岸田の姿勢は、出口戦略を描ききれないまま、重点措置がドミノ倒しのように全国へと広がる一因となっていった。

止まらない重点措置

2022年3月13日午後5時すぎ。日曜日の首相公邸に官房長官の松野博一や厚労相の後藤茂之ら、新型コロナ対策を担う閣僚らが集まった。翌週21日に期限を迎える18都道府県の「まん延防止等重点措置」の解除判断を決める期日が迫っていた。

岸田を前に、新規感染者数が減少傾向にあることや、自治体側の意向を官僚が説明。「ほぼ全てで解除できると思います」と伝えた。懸案は、病床使用率が6割を超えていた大阪府への対応だった。

岸田らに配られたのは、大阪の22年と21年春の感染者数を「波形」で表したグラフだった。大阪は21年3月に緊急事態宣言を解除したが、すぐに感染のリバウンドが起き、4月の再宣言に至った。グラフを眺める出席者からは「波が似ている」との声が漏れた。

「もう金目の話だ」しびれ切らす政府関係者

年明けから続く重点措置適用の「ドミノ状態」に終止符を打てるかどうか。リスクを引き受ける政治判断が求められる局面だった。議論は1時間に及び、岸田が口を開いた。

「これまで通り、自治体の意向を聞いて『自然体』でやっていこう」

岸田はこれまで、経済活動を優先してコロナ対策が「後手」と批判された菅前政権の教訓から、重点措置の適用を「先手」で対応してきた。地方自治体からの要請があれば、次々と丸のみした。そして、この場面でも自治体の頭越しに判断はせず、リスクはとらなかった。

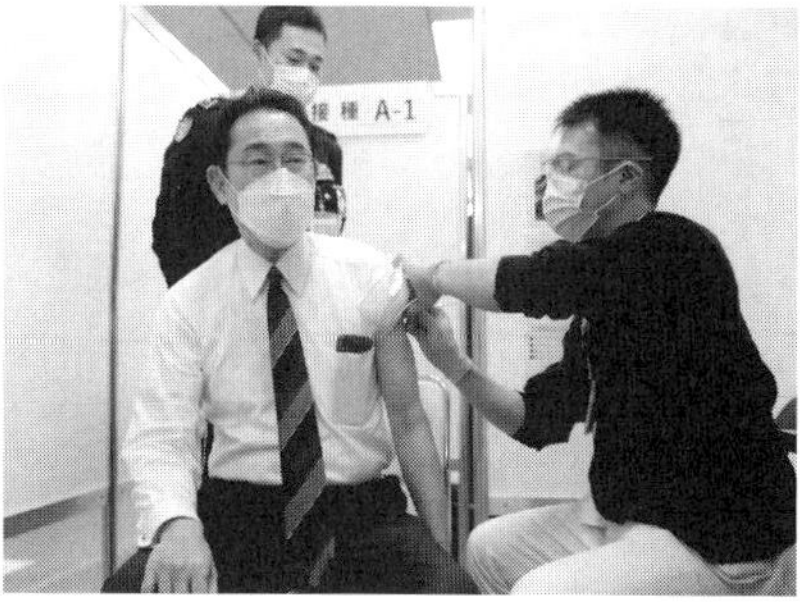

新型コロナウイルスワクチンの３回目接種を受ける岸田文雄首相

オミクロン株への新規感染者は年明けから急速に増えた。この頃、重点措置の適用について官邸幹部は「重症者数が増えていないのに重点措置をやって批判を受けるか、増えているけど重症化しないから大丈夫だと言って批判を受けるか。首相は後者を怖がっている」と解説した。重点措置は全国に広がり、適用地域は最大で36都道府県に拡大した。

オミクロン株は、ピーク後の新規感染者数の減り方が鈍く、ワクチン接種ができていない子どもを中心に感染が拡大。学校や保育園でクラスター感染が相次いだ。専門家からは「オミクロン株には飲食店対策に特化した対策は適さない」との意見も出たが、重点措置はずるずると長期化した。世論の関心は次第に措置の解除へと移っていった。

2月17日に政府は、措置を延長する17道府県の措置の期間を3週間から2週間に短縮。前週に延長を決めた13都県と同じ3月6日に期限をそろえた。一斉解除に向けた布石だったが、感染の減少速度が鈍く、不発に終わった。

知事たちは「解除」に及び腰だった。しびれを切らす政府関係者の間ではこんな声も漏れた。

「飲食店では『時短営業をしつつ、協力金をもらえた方がいい』という声もある。業界の声が直接耳に入る知事は解除に慎重になる。もう金目の話だ」

そこに、2月下旬からのウクライナ情勢の緊迫化が追い打ちをかけた。ロシアの侵攻により、折からの原油などの物価が高騰。首相周辺は「解除しないと日本経済がボロボロになる」と危機感を募らせた。

夏には政権にとって天王山となる参院選が控えていた。経済情勢の悪化に伴う世論の不満は、政権にはね返りかねない。「再延長は政権にとってまずい」（官邸幹部）との声が強まっていた。

コロナ政策の担当者は「『これまでと同じ対策はそろそろやめていいんじゃないか』という考えは専門家の中でも高まっていた」と証言する。再延長への危機感を共有する専門家と、政府の担当者がさらなる布石に向けて準備を進めた。

第6波収束、そして……

3月11日の新型コロナウイルス感染症対策分科会。政府側は新規感染者数か病床使用率のいずれかが低下すれば解除できる新基準を示した。「いずれも」だったこれまでの基準を「いずれか」に変え、「ゴール」そのものを感染状況に近づけた。「解除」に慎重な知事、「自然体」にこだわる岸田、その双方を解除に向かわせるものだった。

方針決定に携わった関係者は、全面解除ありきの「後付け的なもの」だと明かした。専門家から強い反対が出ることはなかった。

そして5日後の16日。大阪府は当日になって「延長は求めない」ことを決定。岸田は記者会見で、「『第6波』の出口ははっきり見えてきた」と胸を張った。観光支援策の対象範囲の拡大なども打ち出し、「旅行を楽しんでいただけるようにする」と前向きな言葉を連ねた。

曲折を経て、第6波は収束した。通常国会を無事にやり過ごし、岸田は参院選に臨んだ。勝利すれば、岸田は衆参二つの国政選挙で国民からの信任を得ることになる。その先に見据えていたのは「黄金の3年間」だった。

しかし、参院選の最中に岸田を衝撃が襲うことになる。

2022年7月8日、安倍晋三が銃弾に倒れた。岸田文雄は安倍を国葬で弔う決断をする。だが、それは政権が迷走する号砲だった。

第3章

国葬の代償

安倍元首相、死去の衝撃

「世界中の多くの人たちが『安倍総理の頃』『安倍総理の時代』などと、あなたを懐かしむに違いありません」

2022年9月27日午後2時27分、東京都千代田区の日本武道館。岸田は、「故安倍晋三国葬儀」の葬儀委員長として、追悼の辞を読み上げた。安倍の遺影を見上げ、こう言葉を贈った。

秋晴れのなか、会場近くの献花台には朝から長蛇の列が出来た。一方、国葬に反対するデモも行われた。世論が分断されたまま、国葬は当日を迎えた。

参院選の投開票日を2日後に控えた7月8日午前11時半ごろ、安倍は奈良市の近鉄大和《やまと》西大寺《さいだいじ》駅前で自民党候補の応援演説に立っていた。

「彼はできない理由を考えるのではなく……」

聴衆に向けて左手の拳を振り、そう発した直後、背後で銃声が2発響いた。周囲から悲鳴があがった。

その一報を岸田が受けたのは、遊説のため山形県内を移動中の車内だった。直後に到着した道の駅での応援演説は、2時間前の別会場とはまるで様子が違っていた。

「世界において食料が……の価格が」

「山……山形の基本、基本の……」

何度も何度も、言葉を詰まらせた。

岸田は残りの遊説予定をとりやめ、自衛隊のヘリコプターで首相官邸に戻った。

午後2時45分ごろ、緊張感に包まれた官邸エントランス。待ち受ける記者団のもとへ歩み寄った。岸田の口元は震えていた。

「決して許すことはできない。最大限の厳しい言葉で非難する」

夕方、安倍の死亡が確認された。再び記者団の前に現れた岸田は涙を浮かべていた。

「誠に残念で言葉もありません」。力なく語った。

首相周辺は官邸内での岸田の様子について「かなりエモーショナル（感情的）になっていた」と明かした。

7月10日、参院選投開票日。岸田の姿は東京・永田町の自民党本部にあった。次々と当選確実の報が寄せられ、そのたびに岸田は候補者の名前が書かれたホワイトボードにピンク色の花をつけた。だが、笑顔はなかった。

同期の因縁　ライバルの宿命

岸田と安倍は、1993年の衆院選で初当選。岸田は第1次安倍政権で沖縄・北方担当相として初入閣し、第2次政権では4年あまりもの間、外相として支えた。

苦い思いもした。

「ポスト安倍」として期待されながら、2018年の自民党総裁選では迷った末、立候補を見送った。安倍の3選を支持し、「優柔不断」と批判を浴びた。悔しさで寝られず、議員宿舎で朝まで思いにふけった。

安倍が退陣した20年の総裁選に立候補したが、安倍は官房長官を務めていた菅義偉の応援に回り、惨敗。「岸田は終わった」と言われた。

「安倍さんとは政治信条も哲学も違う」

岸田は「安倍の『禅譲』を狙っている」と指摘されるたびに、そう抗弁してきた。党内最大派閥の「清和《せいわ》政策研究会」（安倍派）より、自身が率いる伝統派閥「宏池会」（岸田派）

の方が、党の保守本流だとの自負もある。

しかし、憲政史上最長の政権を率い、退陣してもなお、党内外に巨大な影響力を持つ安倍には気をつかわざるを得なかった。

念願の座についてからも、こまめに電話をかけ、時には議員会館の事務所に出向いて面会した。安倍は財政再建に向けた動きを強く牽制《けんせい》し、防衛費の大幅増額を声高に主張。佐《さ》渡《ど》金山遺跡（新潟県佐渡市）の世界文化遺産登録をめぐっては、推薦見送りを検討する岸田に直接電話をかけて方針転換を迫った。ただ、はばかることなく政権に異を唱える一方で、矛を収めて、岸田への反発を抑え込む役割を果たしてくれた。

党幹部、経済界、列をなす人々……

「なぜ官邸で半旗を掲げていないんだ」

岸田の携帯電話には、参院選直後から党幹部らからの電話が次々とかかってきた。その多くは「国葬をするべきだ」という意見だった。「国葬をすべきだという声は経済界からも多かった」と首相周辺は明かした。

7月12日、東京都港区の増上寺《ぞうじょうじ》で家族葬が執り行われた。その後、安倍を乗せた車は、

8年8カ月もの間そのあるじを務めた首相官邸との最後の別れにやってきた。車は官邸正面の車寄せをゆっくりと一周した。官邸幹部らの並ぶ列から一歩前に立った岸田はひとり、数珠を持った手を合わせ、深々とこうべを垂れた。

壁で囲まれた官邸の外は、安倍を見送ろうという人であふれていた。その様子は岸田がいる官邸内にも伝わっていた。

世界に衝撃を与えた事件以降、銃撃事件の捜査は徐々に進み、容疑者の動機には安倍と「世界平和統一家庭連合」（旧統一教会）との関係が背景にあることが少しずつ注目され始めていた。

しかし、家族葬の会場となった増上寺の周囲にも老若男女が押し寄せた。事件現場などに設置された献花台には人々の列が絶えなかった。

車を見送り、きびすを返して官邸の執務室に戻った岸田は、事務方にこう指示した。

「国葬に近い形でできないか」

安倍の死去という衝撃から始まったこの提案が、のちに世論を二分し、自らの政権に打撃を与えることになるとは、岸田はまだ予想していなかった。

「決断」かみ合わない歯車

「行政訴訟のリスクがあります」

元首相、安倍晋三の国葬を検討するよう指示した岸田に、最初に示されたのは、反対意見だった。

国葬を定めた法律は、ない。すべて国費で負担するうえ、国民に弔意を強制すると受け止められる恐れもあった。

戦前には「国葬令」があったが、1947年の日本国憲法の施行に伴い廃止された。首相経験者の国葬は、67年に閣議決定をもとに実施した吉田茂以降は開かれていない。80年に死去した大平正芳《おおひらまさよし》以降は「内閣・自民党合同葬」が慣例だった。

「今までの首相経験者とは違う形で評価すべきだ」

岸田には、安倍は他の首相経験者とは違うとの思いが強かった。安倍は憲政史上最長の8年8カ月にわたって首相を務めた。そして選挙の遊説中に凶弾に倒れた。海外からは多くの弔意が届いていた。

「国際的な評価は想像以上だ」

一方、安倍政権には「森友《もりとも》・加計《かけ》学園」「桜を見る会」など行政の公正性を揺るがす問題があった。安倍の政治的評価はまだ定まっていないとの意見もあった。

「政府だけでもできるのなら、国葬でいこう」

岸田は周囲に「国内の評価は正直いろいろある」とも漏らした。

そこで政府内で浮上したのが「国民葬」だった。

1975年に亡くなった佐藤栄作は、当時最長の7年8カ月にわたり首相を務め、ノーベル平和賞も受賞した。この時も国葬が検討されたが、法的根拠がないことなどが問題視され、見送られた。政府、自民党、国民有志の主催による「国民葬」となった。

せめて「国民葬」でできないか――。

思いをめぐらせる岸田に、憲法や法律の解釈を担う「法の番人」内閣法制局からある知らせが首相官邸に寄せられた。

「内閣府設置法」を理由にした、政府が行う「国の儀式」としてなら、国葬は実施できる。

必要なのは閣議決定だけである。

岸田は即座に飛びついた。

「政府だけでもできるのなら、国葬でいこう」

7月14日。官邸記者会見室の壇上で電撃表明した。

「この秋に『国葬儀』の形式で、安倍元総理の葬儀を行うこととといたします」

安倍の死からわずか6日後だった。

弔問に訪れる海外要人の招待には時間が必要だった。会場を押さえたり、準備したりする時間も必要だった。政権の政治判断のみで、国葬の実施は決められた。

野党へ根回しなし、党内からも不満

前例はどうだったのか。

吉田茂の国葬を決めた際、首相だった佐藤栄作は、野党に使者を送って根回しし、理解を得ていた。その佐藤が亡くなった際には、首相の三木武夫が「三権の了承が必要」との内閣法制局長官の見解などを受け、国葬を見送った。

岸田は「聞く力」を掲げ、安倍政権とも菅義偉政権とも違う丁寧な姿勢で高い支持率を保ち、2度の国政選挙で大勝した。だが、国葬の決断にあたり、「聞く力」は発揮されなかった。

報道機関の世論調査で、国葬への賛否が割れ始めた。野党からは判断の経緯や根拠を国会で説明するよう求める声があがった。

自民党の中からも「せめて与野党党首会談を開いて理解を得ることぐらいはすべきだった」（閣僚経験者）との不満が漏れた。

それでもなお、岸田は強気だった。

日本武道館で行われた吉田元首相の国葬。1967年10月31日撮影

「今はまだ賛成の方が多いだろ。それは間違いないんだ」。岸田は周囲にそう漏らし、続けて強弁した。

「どうしても反対意見は出るんだろう。だからといって『何もしない』というわけにはいかない。政府として決断するしかない」

7月22日、「故安倍晋三国葬儀」の開催が予定通り閣議決定された。

文部科学相の末松信介は直後の閣議後会見で、旧統一教会や関連団体にメッセージを送ったり、関係者がパーティー券などを購入したりした事実がある、と明らかにした。

「歯車」が狂いはじめた。

旧統一教会問題という「パンドラの箱」

「いまそういうことを言うなら『非国民扱い』される」

岸田が国葬を表明した2022年7月14日、自民党のベテランは、国葬に異論を挟みづらい世の中の雰囲気をそう表現した。国葬表明直後の報道各社の世論調査では、国葬への賛意が反対を上回っていた。

批判はあった。ただ、その中心は、8年8カ月にわたり首相を務めた安倍晋三の評価が定まっていないことや、閣議決定のみで決めた経緯、法的根拠の弱さなどだった。「丁寧な説明」をすれば、批判はこれ以上広がらない、との見通しが政権を支配していた。

野党の立場も割れていた。決定当初から明確な反対を掲げたのは共産党や社民党など少数で、日本維新の会や国民民主党は一定の理解を示していた。

見誤った世論の流れ

野党第1党の立憲民主党は国葬への立場をはっきりと示せずにいた。7月16日、奈良市内の銃撃現場で手を合わせた立憲代表の泉健太は、「政府が関与する形の送り方は否定しない」と記者団に語った。

「国民から国葬にすることについて、『いかがなものか』という指摘があると認識していない」。7月19日、自民党の実権を握る幹事長の茂木敏充は記者会見でこう述べ、さらに続けた。

「野党の主張は国民の声や認識とはかなりずれているのではないか」

政権幹部は「どちらが正しいとか議論しない方がいい。議論すること自体が失礼だ」と語った。7月22日には粛々と閣議決定を終えた。国民の支持を受けた国葬への批判は、野党にとってはむしろマイナス――。そう考えた首相周辺はこううそぶいた。「野党はもっと批判して（自分たちの）支持率を落としてくれたらいい」

銃撃事件発生当初、注目が集まったのは、犯行の手口や警察の警備の問題だった。だが、次第に焦点は「動機」へと移り、旧統一教会がクローズアップされた。逮捕された容疑者の供述などをきっかけに、教団と安倍、教団と自民党の関係の深さが白日の下にさらされ始めた。

「パンドラの箱」が、開いた。

問題の矮小化《わいしょうか》　対応は後手に

細田博之《ひろゆき》・衆院議長、萩生田《はぎうだ》光一・経済産業相（当時）、末松信介・文部科学相（同）、二之湯智《にのゆさとし》・国家公安委員長（同）、岸信夫・防衛相（同）、下村博文《はくぶん》・元文科相……。現職閣僚や重鎮、若手に至るまで、教団や関連団体と「接点がある」と報じられる議員の数は雪だるま式に膨れあがっていった。

にもかかわらず、岸田政権の危機感は薄いままだった。政権は対応を党に任せ、党は「議員個人の問題」だとした。接点が指摘された議員が比較的多かった「安倍派の問題」に矮小化しようとする声もあった。

「正直思っている。何が問題かよく分からない」

問題が拡大の一途をたどる最中の7月29日、総務会長（当時）の福田達夫は記者会見でこう言い放ち、猛批判を浴びて釈明に追い込まれた。

岸田が初めて教団について言及したのは7月31日のことだ。

「社会的に問題になっている団体との関係については、政治家の立場からそれぞれ丁寧に説明をしていくことは大事だと思う」

記者団の取材に応じた岸田は、教団名を口にせず、今後の対応策についても明言しなかった。

「国民の皆さんの関心も高いので、丁寧な説明を行っていくことは大事だ」

そう言い残し、核不拡散条約（NPT）再検討会議に出席のために国連本部のある米ニューヨークへと向かった。

反発拡大　国葬議論に飛び火

解明に後ろ向きな姿勢に終始する自民党と、党を率いる総裁でありながら指導力を発揮しない岸田。

一方で、祖父で首相も務めた岸信介から続いてきた安倍自身と教団との深い関係は、次第に、国葬の反対理由として言及されるようになっていく。岸田は「国葬」と「旧統一教会問題」という二つの問題に、同時に対峙《たいじ》せざるを得なくなっていった。

8月3日、参院選後初の臨時国会が召集された。だが、わずか3日間で閉会。批判を恐れ、国会での説明を拒んだとの受け止めが広がった。後ろ向きな岸田の姿勢に国民の視線はどんどん厳しくなっていった。
岸田は国会閉会直後、局面打開のための1枚目のカードを切ることにした。
それは、9月中とみられていた内閣改造・自民党役員人事の前倒しだった。

裏目に出た「説明」

「今後は一切の関係を断つと言ってもらうしかない。それでいくしかない」

2022年8月上旬、岸田は内閣改造・自民党役員人事を決断した。

このころ、岸田は二つの問題に直面していた。じわじわ増える元首相・安倍晋三の国葬に対する反対と、際限なく広がる旧統一教会と自民党議員との問題。まず後者を乗り切ろうと、最初のカードを切った。

永田町には驚きが広がった。

政府・与党内では内閣改造・党役員人事は9月中との見方が多かった。7月28日には公明党代表の山口那津男《なつお》でさえ、「おそらく9月前半ではないか」と述べていた。

岸田はその不意を突き、刷新感を打ち出そうとした。

8月10日、第2次岸田改造内閣が発足。岸田は記者会見で「当該団体との関係を点検し、厳正に見直すよう厳命し、それを了解した者のみを任命した」と述べ、教団との関係を断ちきることを入閣の条件としたと明らかにした。

しかし、その日のうちにつまずく。新任総務相の寺田稔《みのる》、厚生労働相の加藤勝信《かつのぶ》に加え、経済再生相で留任した山際《やまぎわ》大志郎も教団の友好団体との接点が明らかになった。

「改造後もポロポロと新たな教団との関係が出てきて、意味がなかった」。自民党のベテラン議員は吐き捨てた。最初のカードは不発に終わった。

逆効果となった「3枚のカード」

「どこかで直接説明できる場がないか」

改造から間もない8月中旬、岸田は今度はこんな相談を周辺に始めた。国葬への逆風が日増しに強まるなか、野党が求める国会の閉会中審査に出席して説明することが念頭にあった。

「閉会中審査に首相が出るなんて前代未聞です」。反発を受けた岸田は「調整する党幹部にも迷惑がかかるしな」と、いったんは引っ込めた。

8月21日、岸田の新型コロナウイルスへの感染が判明した。首相官邸に隣接する公邸で療養しながら岸田は、テレビ番組が国葬への批判であふれる様を目の当たりにした。

「俺が国会で説明する」

療養中の岸田は、次なるカードとして、国会出席を再び主張した。その固い意思に、今度は周囲も従った。新型コロナから復帰した31日の記者会見で岸田は表明した。「私自身が出席し、テレビ入りで質疑にお答えする機会をいただきたい」。首相が国会審議のテレビ中継まで求めるのは異例のことだ。岸田は「ご批判を真摯《しんし》に受け止め、正面からお答えする責任がある」と、その理由を述べた。

さらに国葬費用の総額の公開というカードも切った。

政権は8月26日、会場設営費などのため、予備費から約2・5億円を支出すると閣議決定した。だが、これが新たな国葬批判につながった。予備費は国会で事前チェックを受けないうえ、警備費や海外から来日する要人の接遇費などは含まれておらず、いったいいくらかかるのかと繰り返し問われていた。

岸田は「具体的なものが確定してからでないと示すことができない」などと述べ、国葬後に明らかにするとかわし続けたが、強まる批判にあらがいきれなくなった。

9月6日、官房長官の松野博一が、警備費などを試算した費用が総額で「16・6億円」に上ることを記者会見で発表した。「そもそも出せない警備費や接遇費を無理に試算」（官僚）して繰り出した、最後のカードだった。

9月8日、国会での閉会中審査。「いま明らかにできるだけでも、米国のハリス副大統領、インドのモディ首相、オーストラリアのアルバニージー首相……」。岸田は、国葬に参列する海外要人の名前や国名を列挙してみせた。「公表には相手国の了解がいる」（官邸幹部）なか、官邸が外務省に指示し、直前まで各国と訪日を公表していいか交渉して、国会での発表にこぎ着けた。岸田は「弔問外交」が国葬を開催する意義なのだと強調したが、野党の理解を得られるわけではなかった。

絡み合う「国葬」と「教団」の問題

一方、野党は安倍と教団の関係も突いた。立憲民主党代表の泉健太は「（安倍は）自民党の中で、最も（旧）統一教会との関係を取り仕切ってきた人物じゃないか」と批判。共産党の仁比《にひ》聡平《そうへい》は「（旧）統一教会と深い関わりを持ってきた安倍元首相を国葬にするということに国民の皆さんは怒り沸騰している」と語気を強めた。

「あえてこの質問に答えさせていただく」と応じた岸田だったが、安倍と教団との関係については「お亡くなりになった今、確認するには限界がある」と答弁。調査する考えは示さなかった。

同じ日の夕方、閉会中審査とタイミングを合わせたかのように、自民党が党所属国会議員に求めていた教団や関連団体との関係についての点検結果を発表した。点検対象の379議員のうち179人に教団との接点があった。

国葬の問題と教団の問題が絡み合っていた。

直後の9月10、11の両日に朝日新聞が行った世論調査で、岸田の国葬への説明に「納得できない」は64%、国葬に「反対」は56%。内閣支持率は41%と政権発足後最低を記録し、不支持は47%で発足後初めて支持を上回った。

岸田政権は発足以来、安定した支持率を維持してきた。首相周辺は「支持される理由の大半は、首相の説明する姿勢だ」と自賛していた。だが、国民が求めたのは岸田の説明する姿勢ではなく、説明の内容だった。

1カ月のうちに岸田が繰り出した3枚のカードはすべて裏目に出た。官邸幹部は「国葬は旧統一教会問題と関連づけられている。政府としてこれ以上やれることはない」。もはや開き直るしかなかった。

国葬に対する国論が二分したまま、岸田は9月27日の国葬本番を迎えた。

岸田文雄首相（中央左）へ各国の首脳らが弔問に訪れた

失った支持、残された宿題

秋晴れの9月27日午後2時。国内外から参列した4千人以上が、厳かな空気に包まれていた。「故安倍晋三国葬儀」が日本武道館で始まった。岸田は、葬儀委員長を務めた。

「憲政史上最も長く政権にありましたが、歴史はその長さよりも、達成した事績によってあなたを記憶することでしょう」。生前好んだレジメンタルタイを締め、笑みを浮かべる安倍の遺影。黒の礼服姿の岸田は、遺影を時折見上げ、追悼の辞を読み進めた。外国要人を意識して、外交を中心に安倍の功績を紹介した。そして、こう締めくくった。

「あなたが敷いた土台の上に、持続的で、すべての人が輝く包摂的な日本を、地域を、世界をつくっていく」

今後、自らの政権で本格化させようとする、社会保障改革や、賃金格差是正など「新しい資本主義」への決意を込めてみせた。

国葬会場の近くに設置された献花台を訪れた人たち

会場近くの一般献花台には、朝から数キロにもおよぶ長蛇の列ができた。各地からの献花者は絶えず、約2万6千人にのぼった。首相周辺は喜んだ。「報道は賛否が割れているというけど、『どこが？』って感じだね」
国葬当日と前後の計3日間、岸田の姿はほとんど、東京都港区の迎賓館にあった。
他国との会談を終えて部屋を出た岸田が別室へ急ぐ。官僚から次の会談国について説明を受けると、すぐさま別の部屋での会談へ。終えると、また別室に戻って説明を受ける。「弔問外交」に岸田はいそしんだ。短時間の会談を繰り返し、会談した国・地域・国際機関の数は約40に上った。
その「マラソン会談」で岸田は、安倍が提唱して進めた「自由で開かれたインド太平洋」構想について語り、「安倍氏の外交政策や戦略を継承する」と伝えた。首相周辺は「安倍氏が培ってきた外交を岸田カラーに染める。いいスタートになった」と高揚した。

「今回は失敗だったね」官邸内で漏れるささやき

しかし、分断された国論は国葬当日、あらわになった。日本武道館や国会の周辺だけでなく、各地で「国葬反対」と書かれたプラカードや横断幕を掲げたデモが行われた。ある官邸幹部は胸の内を明かす。「批判を受けながらでも、政府が『やる』と決めた以上、やりきるしかなかった」

岸田は国葬の意義を弔問外交に見いだそうとした。だが、側近は冷静に指摘した。「いくら外交で成果を出しても、決定プロセスなどについて批判を受けている。解決にはならない」

国葬を決めるにあたり、岸田は国会に説明をせず、野党に理解を求めることもなかった。安倍側近で自民党政調会長の萩生田光一は国葬に参列した後、記者団を前に断じた。「各党に丁寧に説明することも必要だった。政府の思いが上手に伝わらなかった反省がある」

安倍の死から2カ月半あまり。岸田政権に対する不信感はかつてなく積み重なった。身内である首相官邸内からも、こんなささやきが漏れた。

「今回は失敗だったね、ここまで支持率が落ちてしまって」

岸田は、世論が反発しかねない課題に臨もうとしていた。緊迫した安全保障環境を背景にした防衛費の大幅増額、原子力発電所の新増設や建て替えの検討、国民の負担増が避けられない社会保障改革、「大胆な金融緩和」を続ける日本銀行総裁・黒田東彦の後任人事――。どれも安倍がのこした、政権の「宿題」だ。

国会議事堂前で国葬反対の声を上げる人たち

7月の参院選での大勝を追い風にし、国葬を成功させて安倍の支持者たちも味方につけ、これら難題に果断に取り組む――。岸田が描いたそのシナリオはもろくも崩れた。

旧統一教会問題、見えない出口

国葬の問題と絡み合った旧統一教会の問題について岸田側近は、「出口が見えない。いったいいつまで続くのか」

と嘆いた。それでも岸田は安倍と教団の関係の調査は否定し続けた。閣僚や自民党議員と教団との関係はこの後も次々と露呈。岸田は政治力をみるみる奪われていく。

国葬から2日後の9月29日午後、首相官邸。国葬後初めて、岸田は記者団の取材に応じた。「国民のみなさまから様々なご意見、ご批判をいただいたことは真摯に受け止める。改めて気持ちを引き締め、山積する我が国の課題に対応するため各種政策を進めてまいります」

そして、こう語った。

「今後の議論に資するためにも記録を残しておくことは重要であり、今回の国葬儀の実施について検証を行うこととする」

有識者から意見を聞くと語ったが、目線を落として紙を読み上げていく声に覇気はなかった。

大きな代償を払った岸田の精いっぱいの表明だった。

2022年10月3日、臨時国会が始まった。首相就任から1年。内閣支持率が低下する中、閣僚に次々と問題が起こる。岸田文雄はその対応に振り回されることになった。

第4章

辞任ドミノ

追認、追認、そして辞任

2022年10月24日午後、参院予算委員会の集中審議。世界平和統一家庭連合（旧統一教会）との接点が次々と明るみに出ていた経済再生相の山際大志郎を更迭するのか、岸田は野党議員に聞かれた。

「そういったことは全くありません」

岸田は、そう完全否定した。しかし、その答弁のわずか3時間後、事態は急転した。

役員会を急きょ欠席「首相は何をやっているんだ」

「総理は急きょ公務のため欠席します」

集中審議の終了後、午後5時から始まった自民党役員会の冒頭で、幹事長の茂木敏充が、出席予定だった岸田の欠席を告げた。岸田の欠席連絡は直前で、党関係者は「首相は何をやっているんだ」といぶかしがった。

さらに午後5時半過ぎ、首相官邸4階の大会議室。山際が出席予定だった午後5時45分からの政府の「経済財政諮問会議」が開始直前に突然、延期された。すでに会議出席者の一部は着席していた。前代未聞の事態だった。延期は、会議で岸田の隣に座り、議事進行をつかさどるはずだった山際の辞任が決まったためだった。

午後7時前、山際は黒いスーツに濃紺のネクタイ姿で官邸に現れた。岸田と面会して辞表を手渡し、官邸エントランスで記者団の前に立った。

「このタイミングを逃すわけにいかないと思って、今日辞任いたしました」

自民党幹部「まったく反省していないし、辞める気もなかったのだな」

だが、この直前に自民党幹部が聞いた言葉は違ったという。

「辞めろと言われた」

山際は憤懣《ふんまん》やるかたない様子で言い切り、こう言い放った。

「いま自分が辞めたら、ほかにも問題がある大臣がいるんだから、芋づる式でやめないといけなくなる」

憤る山際の声を電話越しに聞きながら、この自民党幹部は「まったく反省していないし、辞める気もなかったのだな」と感じた。

安倍の銃撃事件をきっかけに明るみに出た旧統一教会と自民党との関係でダメージを受けた岸田は、9月中とみられていた内閣改造・自民党役員人事を8月10日に前倒しして問題の「リセット」を試みた。

それだけに、岸田は改造を前に、全閣僚に教団との関係を点検するよう指示した。だが、山際が教団との接点を初めて認めたのは、留任が固まった8月10日当日の記者会見だった。質問を受けて、2018年に教団の友好団体が横浜市で開いたとみられるセミナーへの出席を明らかにした。それまでは教団との関係をいくら指摘されてもあいまいにしていた。

教団や関連団体との関係は次々と明るみに出た。きっかけは常に報道やSNSでの指摘だった。ネパール、ナイジェリアなど海外での会合への出席も明らかになった。

それでも、山際は「記録」と「記憶」を盾に説明から逃げ続けた。

事務所では1年をめどに資料を整理して処分するので、それ以前に出席した教団や関連団体の会合などの記録は残っていない。教団との関係は重視していなかったので記憶もほとんど残っていない——。釈明を重ねた。

「団体のイベントに出席することで、いわば団体にお墨付きを与えてしまった」と口にはしたものの、教団との関係は「深いものではなかった」と強調。だが、その根拠は示さなかった。「重要であると考えている会合以外のことを全て覚えている方が不自然」と強弁し、炎上しても「不正確なことをお伝えするわけにはいかない」と言い続けた。

相次ぐ教団との関係の発覚に、山際は辞任せざるを得ないとの見方が強まっていた。党重鎮は「教団と関係が深い閣僚を代えられなければ国会で追及され続ける」と語った。

自民党内に広がる山際への激励

とはいえ、山際が辞任に追い込まれれば、政権への打撃は必至。自民党内には、教団との密接な関係が発覚した議員もいる。「辞任ドミノ」も起きかねない。批判を一手に浴びて防波堤になってくれたら――。自民党内には山際への辞任圧力とともに励ましの声もあった。

「頑張れ」「辞める必要はない」。複数の党幹部がそう言って励ました。連日矢面に立つ山際を「表彰状をあげていいレベルだ」と評する声すらあった。

山際の更迭を、首相官邸は10月3日開会の臨時国会前から探ってはいた。

9月下旬、官房長官の松野博一は山際に教団との関係の説明と進退の意向を確認した。山際は「国会で説明責任は果たせる。準備もしている」と答えた。この回答を受け、岸田は「国会での答弁を見てみよう」と更迭をいったんは見送った。

だが、臨時国会開会日の10月3日、山際は閣議後の会見で、18年に教団トップの韓鶴子《ハンハクチャ》総裁と会っていたことを認めた。国会では連日、野党からの追及の的となった。自民党内からも「瀬戸際大臣」（石井準一参院議院運営委員長）と呼ばれた。

山際は10月17日の衆院予算委員会で「18年の会合で代表の方（韓）をお見かけしたもの以外は記憶にない」と断言。だが、その翌日には同じ委員会で「これからなにか新しい事実が様々なことで出てくる可能性がある」と述べた。

このころ、SNS上では山際が韓の隣に立った、18年のものとは別の集合写真が出回っていた。山際は21日の閣議後会見で、前言を翻し、韓と19年にも会っていたことを認めた。決定打だった。

「首相は人事が甘い」

その日の夜、岸田は豪州に向かう政府専用機の中にいた。

思いをめぐらせたのは、予算委でまざまざと目にした山際の姿だった。岸田は周囲に「国会での説明が、ずっと同じじゃないか」とこぼし、「説明責任が果たせていないじゃないか」と不満を漏らした。更迭の流れが固まった。岸田の帰国翌日の24日朝、松野が山際と面会して、方針が伝えられた。

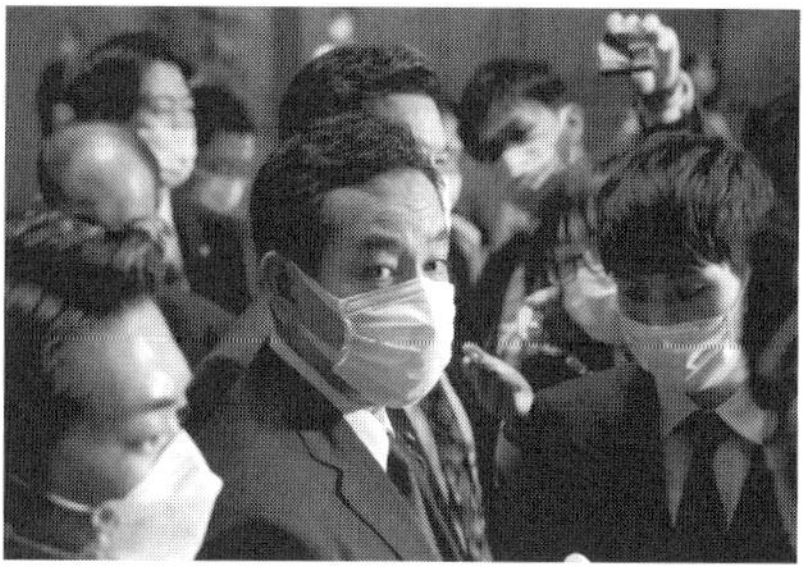

岸田文雄首相に辞表を提出後、取材に応じる山際大志郎経済再生相（中央）

同日夕方、山際が自民国会対策関係者や派閥関係者に辞任の意向を伝えた。

山際は官邸で岸田に辞表を提出した。その後、記者団に「教団と深い関係があったわけじゃない」とし、「後追いの説明」が政権に迷惑をかけているのが辞任理由だと説明した。そして「このタイミングしかなかった」と強調した。

岸田は、山際の辞任表明後に記者団の取材に応じた。「山際氏が国会審議の関係で自ら辞職を申し出て、私も了とした」という発言を9回繰り返した。

それから数日後、閣僚の一人はこう話した。

「首相は人事が甘い。8月の内閣改造を前倒しした効果がなかった。山際を辞めさせるには、(10月17日に始まる)予算委の前だった。あの予算委はなんだったんだ」

だが、それは「辞任ドミノ」のはじまりでしかなかった。

噴き出す党内不満

法相・葉梨康弘《はなしやすひろ》の「失言」が明らかになったのは、山際の更迭から2週間あまり経った、2022年11月9日の夜だった。岸田が会長を務める岸田派で、ともに活動する同僚議員の政治資金パーティーでのあいさつだった。

「朝、死刑のはんこを押し、昼のニュースのトップになるのはそういう時だけという地味な役職」「法相になってもお金は集まらない。票も入らない」

問題発言はその夜のうちに瞬く間に広まった。にもかかわらず葉梨は発言した夜に「地味な役所だからといって大切じゃない役所ではない。何か問題かい?」と語った。与党内では「辞任不可避」との見方が強まり、岸田の対応が焦点となった。

翌10日朝、官房長官の松野が葉梨を官邸に呼んで言い渡した処分は「厳重注意」だった。この判断に、与党内は「なんで辞めさせないんだ」(閣僚経験者)とあきれかえった。

同日夕、官邸では岸田や秘書官らが出席する通称「御前会議」が開かれ、葉梨への対応を協議した。出席者によると、岸田は破格の29兆円を積んだ２０２２年度第2次補正予算の成立と、旧統一教会問題を受けて悪質な寄付要求行為の禁止などを盛り込んだ新法を重視した。下げ止まらない内閣支持率回復には、それらを成立させることが必要と考えていたが、臨時国会の会期末は12月10日に迫っていた。残り1カ月。葉梨を交代させれば、国会日程はさらに厳しくなる。

「どうすればいいかを考えたときに続投だった。こっちだって苦しいし、難しい」。官邸幹部は語った。

10日の参院法務委員会では、野党から「大臣を辞任すべきではないか」「死刑執行のサインをする資格はない」と糾弾された。予定されていた法案採決は見送られた。

岸田文雄首相に辞表を提出後、取材に応じる葉梨康弘法相

関係者によると、その晩、葉梨は岸田に電話をかけて辞意を伝えた。「本意ではないけれど、辞めます。政権に迷惑をかけるわけにはいかない」

だが、岸田は受け入れなかった。

「説明責任をしっかり果たすべきだ。補正予算もあるから何とか耐えてくれ」

「そんなことを言っても、傷口が広がったらしょうがないですよ」と返す葉梨に、岸田は「明日の（衆院法務）委員会でちゃんと説明して、あとで考えよう」と引き取り、堂々めぐりで終わった。

一夜明けた11日朝も、2人は再び電話でやりとりをした。

「気持ちは変わらないか」と尋ねる岸田に、葉梨は「変わりません」と回答。それでも岸田は「きょうの法務委員会はやってくれ」と求めた。

ただ、とりまく状況は委員会前に一変していた。

葉梨が過去にも同僚議員の政治資金パーティーや地元会合で、同様の発言を繰り返していたことが報道で明らかになり、葉梨本人もそれを認めたのだ。

閣僚経験者は「軽率な発言ではなく、本心だったと見られる。問題の質が変わった」とうなった。

案の定、葉梨はその日の衆院法務委員会で「資質」をめぐって集中砲火を浴びた。葉梨は「職員、国民のために仕事をすることで、リカバリーしていく」と続投の意思を示したが、岸田との「約束」だった委員会出席を果たしたところで、改めて岸田に辞意を伝えた。

岸田も腹を固めた。午後1時半ごろ、岸田は自民党幹部に電話をかけ、こう伝えた。

「国会にご迷惑をおかけすることになるのでお伝えします。葉梨さんを更迭することにしました。国会とこれからの外遊のことを考えると、こうするしかないんです」

文字通りの朝令暮改だった。

岸田はそのわずか1時間前に、参院本会議で更迭を求める野党議員に「説明責任を徹底的に果たしてもらわなければならない」と続投を宣言したばかりだった。判断を遅らせることによる国会への悪影響は、当初から指摘されていた。「辞めさせるなら昨日。続投させると言っておいて、今日辞任なんて理解できない」。党幹部は嘆いた。

「事態を悪化させているのは官邸だ」

「昨日の時点では、辞めないって言っていたじゃないか！」

11日午後、国会内にある自民党の控室に怒声が響いた。

自民の参院幹部は、葉梨を更迭する岸田の方針を伝達に来た官邸幹部に声を荒らげた。

「来週の国会審議はどうするのか。法務委員会は？」

たたみかける自民幹部に官邸幹部は「昨日は辞めさせないつもりだったと思うのですが

……」と、言葉を詰まらせた。

11日夕、首相官邸3階エントランスで待ち受けていた記者団に、岸田が切り出した。

「軽率な発言によって、今後の補正予算あるいは重要法案の審議に迷惑をかけたくない。身を引きたいとの申し出があった」として、こう続けた。「重要政策の審議などに遅滞が生じることを考慮し、辞任の申し出を認めました」

激しい世論の批判にさらされるなかでも国会で「続投」の考えを示し、野党から交代の可能性をただされても真っ向から否定。与党幹部らも当面は続投させるとみた、その直後に一転して「更迭」に踏み切る——。山際の時とまったく同じパターンだった。与党からは「遅い」、野党からは「国会軽視」と批判されるような対応を、岸田はわずか2週間あまりでまた繰り返した。政権トップの言葉がぐらぐらと揺らぎ、判断が変更されてもその理由がよく分からない。迷走を深める政権中枢の動きに、自民の国会対策委員会の幹部は「事態を悪化させているのは官邸だ」と吐き捨てた。公明幹部は「重いはずの首相の発言が軽い。世論の批判も見誤っている」。岸田に近い関係者も「最近は聞く力どころか、聞くふりをする力も発揮できていない」と突き放した。

閣僚更迭で政権が迷走し、外交を危うくする

与党内から噴き出し始めた岸田への不満の声は、永田町の外の声とも共鳴した。葉梨の辞任直後に朝日新聞が実施した全国世論調査で、内閣支持率は37％と2021年10月の政権発足以来、初めて4割を切った。一方で、不支持率は51％にのぼり、2カ月連続で5割を超えた。

安倍も菅も、世論調査で不支持率が5割を超えた後に辞任を表明した。それだけに不支持率を抑え、支持率を回復できなければ、求心力低下に一層の拍車がかかる。第2次安倍政権下で初当選した若手議員は、状況をこう言い表した。「いまは政権が溶け出しているようだ」

更迭劇の影響で、11日午後に予定されていた岸田の9日間のアジア歴訪の出発が翌日未明に延期された。一時は12日午前の東南アジア諸国連合（ASEAN）首脳との会議に東京からオンラインで出席し、12日夜に外遊に出発する案も検討されたが、影響を最小限に抑えるために12日未明の出発となった。閣僚更迭をめぐって政権が迷走し、外交を危うくする、前代未聞の事態だった。

だが、その外遊中、岸田は別の問題を抱えた側近の処遇に悩むことになる。

広げる傷口、深まる溝

「寺田総務大臣を続投させるお考えでしょうか」

2022年11月19日、バンコク。葉梨の更迭騒動で出ばなをくじかれた岸田のアジア歴訪は8日間の日程を終えようとしていた。現地時間午後1時、内外記者会見に臨んだ岸田は冒頭、外交の成果を誇ったが、記者からは総務相の寺田稔の辞任についての質問が相次いだ。

寺田は岸田派に所属し、岸田と同じ広島県選出。この年8月の内閣改造で総務相に就く前は首相補佐官を務めた岸田の側近だ。

10月上旬、週刊文春の報道で政治資金問題が明るみに出た。自らが代表を務める政党支部などが事務所を置くビルの賃料を10年間、自身の妻に払っていたことが批判を浴び、政治資金の貸し付けや会計責任者などの記載の不備も相次いで表面化していた。

岸田が11日に葉梨を更迭した際、複数の自民党幹部は、寺田も一緒に更迭すべきだと進言した。だが、岸田は受け入れなかった。

更迭を申し入れた一人は電話で岸田にこう迫った。「寺田さんはどうするのか。葉梨さんと一緒に辞めさせないと、総理の外遊中、国会でずっと野党に追及され続けますよ」。岸田に近い自民党幹部も「寺田はもう厳しい」と伝えたが、岸田は「寺田にはがんばってもらう」と言い残して飛び立った。

2022年度第2次補正予算案と旧統一教会問題を受けた被害者救済新法という政権の命運を左右しかねない二つの重要課題を、与党として成就させなければならない。岸田が国内を留守にしている間も、国会対策委員長の高木毅《つよし》らが、相次ぐ閣僚辞任で反発を強めている野党との日程交渉に走った。

更迭の動き、党内に広がる動揺

その一方、岸田が強い意思で続投を決めた寺田には、新たな問題が浮上した。

2021年の衆院選をめぐり、ポスター貼りに対する報酬の支払いが公職選挙法違反(運動員買収)に当たるのではないかとの疑いだった。政治資金規正法や公選法を所管する総務相に次々と浮かび上がる疑惑に、野党は「ふさわしくない」と辞任を求めた。懸念された通り、岸田の外遊中に「野党に追及され続ける」展開となった。与党でも「もうもたないのでは」との見方が強まり、寺田を取り巻く状況は窮《きわ》まりつつあった。

それでも、国会日程は1日もムダに出来ない。11月20日未明に帰国する岸田が、21日から補正予算案の審議に入ることで、自民党は野党の合意を取り付けた。会期末までの国会運営も何とか見通しが立ちそうだ――。自民党内にはホッとした空気が広がっていた。

岸田が会見で寺田の進退を問われていたのは、まさにそんなときだった。岸田はこう答えた。

「難しい仕事を一つひとつ仕上げることを全てに優先させるためにどうあるべきなのか、内閣総理大臣として判断していきたい。難度の高い課題に、一つひとつ挑戦していくためにどうあるべきなのか。適切なタイミングを、内閣総理大臣として判断していきたい」

山際や葉梨の時とは違い、「続投」をうかがわせる言葉はなかった。報道各社が「寺田総務相の更迭も検討」と報じ始めた。

更迭すべきとの進言を退け「寺田にはがんばってもらう」と言い切った岸田の意思を前提に、国会日程について野党との交渉を進めたのに、日程が固まった段になって更迭に動こうとしていることに、自民党内には動揺が広がった。

党四役の一人は、参院幹部に電話をし「どう考えている?」と対応策を尋ねた。すでに更迭の機は逸したと考える参院幹部は「ここまで組んできた国会日程が崩れてしまう。まもなく補正予算案の審議だ。生き恥をさらしてでも、寺田には続けさせるべきだ」と応じた。

だが、この会見を見て、辞意を固めたのは当の寺田だった。岸田の言葉は「自分自身で出処進退を判断しなさい」というメッセージだと受け止めた。

「首相の発言は踏み込んでいました。政策や国会にこれ以上の支障をきたしてはいけない、そう思ったんです」と、寺田は周囲に明かした。

岸田と自民党幹部たち、そして寺田――。それぞれが大きくタイミングを外した決断の結果を修正できないまま、岸田は11月20日未明、政府専用機で羽田空港に帰国した。

避けられない辞任

「切っちゃダメですか」

日曜だった20日昼、岸田は電話で、自民党参院幹部に聞いた。「切ってはダメです」と参院幹部は即答し、いま更迭なんてありえないタイミングだと伝えた。

衆院本会議で岸田文雄首相の発言を聞く寺田稔前総務相（中央）

「寺田が辞めるのを了解してほしい」

その日、岸田は政権中枢の一人に、更迭への理解を求める連絡を入れた。だが、返事は芳しいものではなかった。「申し訳ないのですが、すぐには了承できません。総理、（あなたを）助けるつもりです。状況は厳しいんです。もう1回、寺田を説得してください」

岸田は寺田に「もう1週間がんばれないか」と慰留した。だが、寺田が首を縦に振ることはなかった。

岸田ら政権中枢は、寺田の「退場」で、国会審議をスムーズに進められるかどうかを見極めようとした。首相周辺には「辞任させても、国会審議が止まって重要法案が通らなければ意味がない。続投させた方が、審議が進むかも」との見方もあった。

首相出席の本会議がある21日に辞任がずれ込めば、国会日程が大きく崩れる可能性は高かった。自民幹部の一人は岸田に「突っ張れるなら最後まで突っ張り通せばいいけど、そうじゃないならもう決断しないと」と、寺田の更迭を促した。「泣いて馬謖《ばしょく》を斬るんだよ、そうせにゃ本体が持たんだろう」。岸田派の中堅議員はそううめいた。20日昼から松野らと断続的に協議していた岸田は、辞任は避けられないと判断した。

「聞く力と言われているが、実は聞いていない」

20日の夜8時すぎ、すっかり暗くなった公邸前で岸田は記者団に述べた。

「寺田大臣の辞任、これを認めることにした。国会中、相次いで閣僚が辞任することとなり、深くおわびを申しあげます」。閣僚辞任は1カ月で3人目となった。左手をぐっと握りしめ、唇を真一文字に結んだ岸田の顔には悲壮感が漂っていた。

岸田の決断はまたしても、ぶれ、そして、遅れた。判断の遅れは、国会や外交の日程にも影響を与えた。振り回された自民党内からは、「なぜ今なのか」と、またしても疑問符がついた。岸田は孤立していた。ある派閥領袖《りょうしゅう》はその原因を「聞く力とか言われているが、実は逆で聞いていない」と語った。ベテラン議員はあきれ顔で「党と首相の間には溝ができた。埋める妙案はいまのところないね」と突き放した。

寺田更迭の翌21日夜、岸田の姿は、同じ早稲田大に通った森喜朗・元首相、青木幹雄《みきお》・元参院議員会長らとの会食の場にあった。そこでのあいさつで、岸田はこう漏らした。

「今はちょっと孤独でつらい時もあります」

低下する求心力、それでも強気な理由は

69日間の会期を終え、臨時国会は2022年12月10日に閉会した。閉会を受けた記者会見で、岸田が特に成果を強調したのが旧統一教会問題を受けた被害者救済新法だった。

「最大限の規定を盛り込んだ新法を作るよう指示するとともに、今国会での成立に向けて強い覚悟で臨んだ」

あたかも新法の成立を主導したかのような口ぶりだったが、内実は異なる。当初は臨時国会での成立を想定していなかった。内閣支持率の下落に歯止めがかからず、「窮余の策」で野党側に譲歩し、なんとか成立にこぎ着けたのが実態だ。

10月3日召集の国会で政府・与党が目玉に据えたのは、7月の参院選で訴えた物価高対策の裏付けとなる補正予算案だった。だが、冒頭から閣僚と教団の接点や2015年の教団名称変更問題などで野党の追及を受け、「旧統一教会国会」となった。

世論との隔たり、急転直下の決断

それでも政権の危機感は薄く、安倍や衆院議長の細田博之らと教団の関係解明などには取り組まず、不満を募らせる世論との隔たりは明らかだった。

野党側の提案を受け入れなければ、国会での追及は続き、国民からも被害者救済に対して後ろ向きと映る。さらなる支持率低下を招きかねない。そうした事情もあり、野党側の提案を逆手にとった。「野党は顔が立つし、こちらはスムーズに法案を通せる。ウィンウィンだ」（閣僚経験者）との計算が働いた。

10月19日に霊感商法や高額献金など今後の被害防止と救済に向け、異例の与野党協議会を設置したが、設置を求めたのは立憲民主党と日本維新の会。教団問題の「目線を変える」（自民幹部）ほか、野党の批判をかわすのが狙いだった。政府が準備を始めていた消費者契約法改正案を提出するまでの「時間稼ぎ」（自民国会対策委員会幹部）との声さえあった。

支持母体が創価学会の公明党が新法に極めて後ろ向きだったこともあり、野党側から「やる気がない」との批判を浴びた。

与野党協議の間も、岸田の対応の悪さは続いた。山際を擁護し続け、10月下旬にようやく更迭。強まる逆風を受け、岸田が臨時国会に新法を提出する方針を明確に表明したのは、会期末まで1カ月しかない11月8日だった。

岸田は、「今国会を視野にできる限り早く法案を国会に提出すべく最大限の努力を行う」と述べ、悪質な勧誘行為禁止などを含む新法を臨時国会に提出する考えを表明した。野党の救済策も含めて検討し、新法を取りまとめたい意向を示した。

急転直下の決断には、教団問題で政権に逆風がやまない焦りがにじんでいた。

慌ただしく動き始めた政府・与党

政府・与党は、臨時国会では不当契約の取り消し権の要件を緩和する消費者契約法改正案の成立を先行させることを基本方針としていた。慌ただしく動き始めたのは11月7日だった。

この日夕、官房長官の松野が公明党幹事長の石井啓一と会談を重ね、岸田が今国会での新法提出の意向を表明することに理解を求めた。公明党は一貫して寄付の上限規制などを含む新法には慎重な立場で、宗教法人の創価学会が支持母体だけに「信教の自由」との整合性や寄付文化の機運をそぐことを懸念していた。

救済法案をめぐる与野党協議では、寄付の上限規制などを含む野党案に、自民と公明が憲法との整合性などで50超の質問を繰り出すなどし、歩み寄りとはほど遠い展開をたどっていた。

局面が変わったのは、7日付で読売新聞が報じた世論調査の内閣支持率だ。発足以来最低の36％を記録。破格の29兆円という総合経済対策を打ち出した直後にもかかわらず、前回10月の調査から9ポイントも下落し「ショックだ」（政権幹部）と衝撃が広がった。首相官邸には「新法のめどを示さないと支持率は回復しない」（閣僚経験者）との声も寄せられた。

政府・与党内では「新法は今国会には間に合わない」（官邸関係者）との意見が大半のなか、岸田自らが動いた。会期末まで1カ月余りとなり、アジア歴訪への出発が11日に迫る中、いま動かないと間に合わない局面でもあった。

11月8日夕、公明党代表の山口那津男と党首会談を行い、新法の今国会提出に向けた検討を進めることで合意を取り付けた。山口は「急きょ総理から話があった」として、会談の内容は「総理に聞いて下さい」と繰り返して新法が岸田の決断だったことを示唆した。

その後も政権は迷走。山際に続き、葉梨、寺田と、1カ月で3人の閣僚が辞任する異常事態に陥った。

そのたびに国会は紛糾し、与党は更迭をめぐる岸田の突然の決断に振り回され、国会日程の組み立て直しに迫られた。朝日新聞の世論調査（11月12、13両日）では内閣支持率が初めて4割を切り、政権にとって、もはや新法見送りという選択肢はなかった。

会期末の12月10日、参院本会議で土曜の日中に異例の国会審議を行い救済新法は成立した。自民、公明両党に加え、立憲民主党、日本維新の会、国民民主党などの賛成多数だった。臨時国会は同日、閉会した。

岸田はその日の記者会見で「被害者がこの制度を利用しやすい環境を早急に整備することに全力を傾ける」と強調した。

だが、辞任ドミノを何とか3人で食い止め、綱渡りの国会運営で会期末までこぎ着けたのが実態だ。首相周辺は「会期延長もなく、しっかり補正予算と救済新法という成果も残すことができたのは本当に良かった」と胸をなで下ろした。

支持率低迷でも「代わりがいない」

年内には、さらに２０２３年度当初予算案と税制改正大綱、防衛費を5年間で総額43兆円に増やす安全保障関連3文書の改定が控えていた。

安保3文書の改定は、ミサイル発射拠点などをたたく「敵基地攻撃能力（反撃能力）」の保有を認める内容で、日本の防衛政策を大きく転換させる。抑止力を高めるためとするが、近隣諸国との緊張を高めるリスクもある。

さらに岸田は、防衛費の安定財源確保のため、2027年度までに年約1兆円の増税を段階的に実施する方針を表明した。自民党内では最大派閥・安倍派の議員を中心に異を唱える声が相次いだ。岸田と一体をなす閣内からも異論が出て、経済産業相の西村康稔《やすとし》は「このタイミングで増税についてては慎重であるべきだ」と公然と批判。経済安保相の高市《たかいち》早苗《さなえ》も自身のツイッターで「賃上げマインドを冷やす発言を、このタイミングで発信された総理の真意が理解出来ません」と反発した。

それでも岸田は周囲に「俺は去年の衆院選も、今年の参院選も勝ってきたんだ」と話した。支持率が低迷する中でも「代わりになる人物がいない」（自民中堅議員）と、「ポスト岸田」が見当たらないことも強気の発言を後押しした。

岸田は、安全保障関連3文書の改定にくわえ、原発の新規建設や運転期間の延長を柱とする「GX（グリーン・トランスフォーメーション）実現に向けた基本方針案」をとりまとめた。総額114兆円の来年度予算案を12月23日に閣議決定すると、岸田の視線は翌年の国会運営へと移った。

年明けには通常国会、その後、政権の中間評価にもつながる統一地方選が待ち受けていた。党幹部は「麻生派、茂木派、岸田派がしっかりしていれば、政権は大丈夫だ」と胸を張り、2023年5月に広島で開く主要7カ国首脳会議（G7サミット）に局面打開の期待を寄せた。だが、それまでに活路を見いだせなければ、体力を奪われた政権は政策推進力を失っていく恐れがあった。

官邸幹部は言った。

「もう支持率は簡単には回復しない。今はやるべきことをやるしかない」

2カ月で4閣僚辞任の異常事態

「やるべきこと」として、岸田が最後に手がけたのが、復興相の秋葉賢也、総務政務官の杉田水脈《みお》を事実上、更迭することだった。年明けの通常国会に向けた態勢立て直しの最後の一手だった。

閣僚の辞任が相次ぐ異常事態にもかかわらず、2022年12月27日、秋葉の事実上の更

岸田文雄首相に辞表を提出後、取材に応じる秋葉賢也復興相

迭を発表した岸田は過去3度の閣僚更迭時と同様、「私自身の任命責任は重く受け止めている」と淡々と語った。

2カ月で4人目の閣僚更迭。異例の年の瀬の更迭は、またしても岸田の判断の遅れが招いた結果だった。

秋葉の政治資金問題が浮上したのは10月中旬。旧統一教会との接点が問われた山際への追及が厳しさを増すなか、秋葉の火種はくすぶり続けた。

念頭にあったのは内閣改造だったが……

衆院選で秘書に報酬を払ったのは違法ではないのか、旧統一教会側と接点があったのか――。秋葉の疑惑が強まったのは、臨時国会終盤の11月下旬。「覚えはない」「記録がない」。そう繰り返す秋葉に自民党内からは「もうアウト。全然答弁になっていない」との声が漏れ、ベテラン議員は「補正予算が成立したら、更迭すればいい」と突き放した。

それでも岸田が「説明責任は果たしてもらいたい」とかばい続けたのは、救済新法の与野党協議が山場を迎えていたためだ。首相周辺は「ここで秋葉が辞めたら会期内に成立できない」と危機感をにじませた。

態勢の立て直しに向け、当初、岸田の念頭にあったのは内閣改造だった。

岸田は臨時国会閉会日の12月10日の記者会見で内閣改造は「全く考えていない」と否定しつつ、「適材適所でベストな体制を組み、首相として先頭に立って取り組む基本的な姿勢を貫いていく」と、態勢の見直しに含みを残した。

秋葉や杉田に加え、体調不安を抱える国家公安委員長の谷公一《こういち》らの交代を視野に入れたが、岸田側から構想を明かされた政権幹部は「秋葉の交代は認めるが、内閣改造は反対」と伝えた。閣僚にいったん辞表を出させる内閣改造に踏み切り、新たな閣僚にまた不祥事が起きれば、政権はさらに大きな打撃を受けるとの判断だった。

「年末の在庫一掃セールで、早く決断した方がいいと首相には言った」。秋葉と杉田の事実上の更迭を受け、自民党重鎮議員は年内の事態収拾を岸田に進言していたと明かした。

年明けには欧米への外遊も控えていた。1月23日の通常国会召集までに日程的な余裕はなく、岸田は政権内の障害を取り除く小幅交代を選んだ。

オミクロンとの攻防を乗りこえ、参院選に勝利したが、安倍が銃弾に倒れて以降、岸田の打つ手はことごとく裏目に出た。下落した内閣支持率が年明けに回復するかは見通せなかった。閣僚経験者は「この政権は閣僚更迭や防衛増税で無理を重ねている。いずれ不満が噴出する可能性がある」とつぶやいた。

首相として2度目の正月を、岸田はどん底の状態で迎えることになった。

第2部
実像

徴用工問題によって日韓関係は戦後最悪と評されるほど悪化していた。こうしたなか、韓国で関係改善に積極的な尹錫悦政権が発足。岸田文雄はこのチャンスをどう生かしたのか。

第 5 章

日韓外交

凍てついた関係、雪解けへ

年が明けた。２０２３年1月4日、首相の岸田文雄は伊勢神宮に参拝し、年頭の記者会見に臨んだ。

「覚悟を持って先送りできない問題への挑戦を続けていく」。こう力を込めた。

年末までのわずか2カ月で4閣僚が相次いで辞任し、内閣支持率は低迷していた。どん底の政権を立て直さなければならない。反転攻勢に打って出る。岸田の決意表明だった。

岸田は会見で「異次元の少子化対策に挑戦する」と明らかにした。そして、「G7サミット議長として今年1年、強いリーダーシップを発揮してまいりたい」と語った。5月には広島でG7サミットを主催する。国際社会はロシアによるウクライナ侵攻で分断された。中国は台頭し、北朝鮮は弾道ミサイルの発射を繰り返す。こうした中で開かれるサミットをどう成功にみちびくか。そのために解決しなければならない重い課題が残っていた。隣国、韓国との関係改善だった。その動きは前年の秋から始まっていた。

「決まっていないことを言うなよな。逆に会わないぞ」

2022年9月22日、米ニューヨーク。岸田は国連日本政府代表部ビルで開かれていた包括的核実験禁止条約（CTBT）に関する首脳級会合に出席していた。

動きがあったのは、その隣の部屋だった。職員が椅子を並べ、中が見えないようにパーティションが置かれ、記者は付近から離れるよう指示された。岸田と、韓国大統領の尹錫悦《ユンソンニョル》が対面する会場の設営だった。

首相周辺によると、韓国政府から岸田と尹の対面について再三の要請があった。この時間・場所でしか無理、それでも来るのであれば――。そう伝えたところ、尹が日本の指定した日時、場所に足を運ぶことになったという。

ただ、スムーズには実現しなかった。軋轢《あつれき》は1週間前の9月15日にさかのぼる。

きっかけは韓国側だった。韓国大統領府は日韓首脳が「会談することで合意」したなどと発表。国連総会でどのような日韓首脳の接触機会があるかを検討していた日本側は一方的な発表だとして強く反発した。その後の調整は難航。実際、韓国側の発表に腹を立てたのは岸田本人だった。

「決まっていないことを言うなよな。逆に会わないぞ」
周辺に不快感をあらわにした。首相側近は「首相はキレた。『本当に会わない』と言った」と振り返った。官邸幹部も「信頼回復に向けて積み重ねていかなきゃいけないときに、全く意図が分からない」と困惑した。

見通せなかった日韓関係の改善

韓国の首脳と会うことは、なぜ、それほどハードルが高かったのか。当時、日韓は1965年の国交正常化以降、最悪とも言われるほど、関係が悪化していた。最大の懸案は徴用工問題だった。日本は戦時中、労働力不足を補うため、朝鮮半島から多くの人々を動員。韓国大法院（最高裁）は2018年、日本企業に賠償を命じる判決を確定させた。

1965年に結んだ日韓請求権協定では、請求権に関する問題は「完全かつ最終的に解決」され、「いかなる主張もできない」と明記されている。日本政府は徴用工に関する賠償問題は法的に解決済みだとし、「断じて受け入れることはできない」と激しく反発。これに対し、当時の文在寅《ムンジェイン》政権は解決策を示さない中、日本企業の資産を売却して賠償に充てる「現金化」の手続きが進んでいた。このため、日本政府は「現金化」は避けなければならないと訴えてきた。

CTBTに関する会合を終えた岸田は隣室に入り、椅子に腰掛けた。日本側は正式な「会談」ではなく、「懇談」と発表した。

「懇談」は約30分行われた。同席者は、ブスッとした表情で黙ったままの岸田を前に、尹は懸命に話し続けたと証言する。日本政府代表部ビルをわざわざ訪れて岸田と対面した尹は「短時間で終わらないように、少しでも時間を長くしようとしていた」という。

徴用工問題での進展はなかった。両国政府の発表にも、日韓関係に進展がみられた形跡はなかった。日本側の出席者の一人はこう語る。

「何も成果がない中で会いたいというから、こちらは会わなくてもいいのに会った。日本は韓国に貸しを作った。『当然ちゃんと次には成果や進展を持ってくるんでしょうね』と」

たしかに関係改善は見通せてはいなかった。徴用工問題では日本政府が受け入れ可能な解決策は見えなかった。

岸田自身にとっても、22年7月の参院選では大勝したものの、元首相・安倍晋三の「国葬」や旧統一教会の問題などで内閣支持率がどの調査でも下落しており、韓国側に「妥協」したと映れば、保守派の支持を失う恐れもあった。

それでも「懇談」自体は実現した。

背景には文政権とは異なり、日本との関係改善に積極的な尹政権の姿勢を、日本政府が一定程度評価したことがあった。「懇談」の3日前にあった日韓外相会談では、両国が協力する重要性について改めて一致。外相の林芳正《はやしよしまさ》は、尹の日韓関係に関する最近の発言を、「関係改善に向けた強い意思を示したものと前向きに受け止め、歓迎している」と評価してみせた。

会談後、岸田は周囲にこう語った。

「むこうもやる気は示している。今後のお手並み拝見ということだ」

カンボジアで「会談」、協議加速

ニューヨークでの「懇談」を機に、日韓関係は少しずつ動き始めた。

2022年11月13日、東南アジア諸国連合（ASEAN）関連首脳会議に出席するため、カンボジアの首都プノンペンを訪問していた岸田は尹と初めて、対面で正式に「会談」した。日韓首脳会談は、2019年12月に当時の首相・安倍と文在寅大統領が行って以来、

3年ぶりだった。

徴用工問題は解決に至っていなかった。それでも首脳会談が実現した背景には北朝鮮による核・ミサイル問題があった。日韓は連携の必要性では一致しており、米国も日韓関係の改善を求めていた。官邸幹部は「徴用工問題が解決しない限り、会談はできないというわけにはいかなくなった」と明かした。

9月にニューヨークで「懇談」が実現した後、10月には日本外務省と韓国外交省の局長、次官が徴用工問題をめぐって協議した。首相周辺も「協議は着実に進んでいる」と、尹政権の姿勢を評価した。

象徴的だったのは、11月6日に日本で開催した海上自衛隊の国際観艦式に、韓国海軍が7年ぶりに参加したことだった。首相周辺は「韓国内で批判もあるなかで出してくれたことは大きい」と関係改善に向けた要素の一つにあげた。

11月2日には自民党副総裁の麻生太郎が訪韓して大統領府で尹と面会した。麻生は帰国後、党の役員会で「首脳会談が適切なタイミングで実現できるよう、前さばきの一端を担った」と話すなど、正式会談の実現に向けた環境整備が進んでいた。

岸田と尹は会談で、最大の懸案である徴用工問題では、外交当局間で協議が加速していることを確認した。岸田は会談後、記者団に対し、「早期解決を図ることで改めて一致した」と語った。

主張の背景に岸田の強い指示

2023年3月6日、韓国政府は傘下の財団が寄付金で日本企業に命じられた賠償分を肩代わりするとする、徴用工問題の「解決策」を発表した。外相の林は記者団に対し、「非常に厳しい状態にあった日韓関係を健全な関係に戻すためのものとして評価する」と述べた上で、「この機会に、日本政府は、1998年10月に発表された『日韓共同宣言』を含め、歴史認識に関する歴代内閣の立場を全体として引き継いでいることを確認する」と表明した。

韓国側の解決策は、賠償や韓国の財団への資金拠出、新たな謝罪には応じられないという日本の主張に沿った内容だった。主張の背景には岸田の強い指示があった。

「二度と逆戻りできないように、あいまいな要素を残さないように。粘り強く交渉してくれ」

岸田は韓国側との協議について報告を受けるたび、この指示を繰り返した。

政権の事情もあった。自民党内の基盤が盤石ではない岸田にとって、韓国への不信感が根強い保守派から「妥協した」との批判が強まると政権運営に影響しかねない。

そして、首相周辺は岸田の心境をこう解説した。

「首相には2015年から続く特別な思いがあった」

日韓両国の世論反発、回避へ

岸田は第2次安倍政権で、外相を務めた。15年12月、自らソウルを訪問し、慰安婦問題の日韓合意を発表した。日韓関係は改善に向かったが、文政権の誕生によって暗転。「この問題が最終的かつ不可逆的に解決されることを確認する」との合意は「空文化」した。「国と国との約束を守ってもらわないといけない」。岸田には強い思いがあった。

それだけに岸田は当初、徴用工問題の解決に前向きな尹にも慎重な姿勢を崩さなかったが、日韓の当局者による協議は進んだ。日本政府内でも尹への期待が高まり、「いま解決せずに、いつ解決するんだ」といった声も出始めた。

こうしたなか、尹政権は1月、日本企業が命じられた賠償を韓国の財団が肩代わりする「解決策」の有力案を明らかにした。日本政府は一定評価し、尹政権が求める「誠意ある呼応」についても検討。ギリギリの調整が続き、発表前日の3月5日には林が韓国外相の朴振《パクチン》と極秘裏に電話で協議。最後の詰めを行った。

「誠意ある呼応」にどう対応するのか。韓国側は解決策を示すに当たり、日本側に対し、「日本がすでに表明した痛切な謝罪と反省を誠実に維持、継承することが重要だ」と求めていた。

日本側で検討の結果、岸田は「歴史認識に関する歴代内閣の立場を全体として引き継いでいる」と表明した。この表現は、2015年8月に、当時の首相・安倍晋三が戦後70年談話を公表するにあたって、繰り返し用いた表現でもあった。

そこに「日韓共同宣言を含め」という表現が加わった。共同宣言で当時の首相小渕恵三は植民地支配への「痛切な反省と心からのおわび」を表明し、韓国では高く評価されている。あえて岸田が共同宣言に言及することで、表明はしていない「反省とおわび」を韓国側に印象づけたいとの思惑が透けて見えた。

こうした表現の組み合わせの結果、日本側は「従来の立場を変えていない」、韓国側も「日本は反省とおわびを継承している」とそれぞれの国内向けに説明できる形になった。

これだけ慎重になったのは双方の世論の反発を避けるためだった。仮に今回の日本側の表明で日本国内の保守派を中心に反発が強まれば、韓国世論の反発を招き、解決策が揺るぎかねない。日本政府関係者は「一つ間違えば負の連鎖になっていた」と語った。

一方、韓国政府が発表した「解決策」で、岸田がこだわった「不可逆性」は担保されたのか。

外相の林は3月6日、記者団から問われると正面からは答えず、「韓国政府は原告の理解を得るべく最大限努力をするとしている。今後の措置の実施とともに、日韓の政治、経済、文化などの分野における交流が力強く拡大していくことを期待する」とだけ述べた。

韓国の政権交代に伴い、再び賠償を求められる可能性を記者団に問われた岸田は、「仮定に基づいた質問には答えない。措置を評価すると共に日韓関係が前に進んでいくことを期待する。そのために意思疎通を引き続き続けていく、それに尽きる」と強調した。

シャトル外交、再開

日韓に春が訪れた。徴用工問題をきっかけに日韓関係は長らく停滞していたが、2023年3月6日に韓国政府が「解決策」を発表するとその10日後、3月16日に尹が訪日し、首脳会談が実現した。

韓国大統領の来日は、文在寅が2019年6月に大阪で開かれた主要20カ国・地域首脳会議（G20サミット）に出席するため来日して以来、約4年ぶり。韓国大統領が国際会議への出席ではなく、首脳会談を目的に来日するのは、李《イ》明博《ミョンバク》の11年12月以来、11年3カ月ぶりだった。

長い冬の終わり

3月16日午後4時半過ぎ。首相官邸の入り口に、尹が乗った車が到着した。岸田は尹を出迎えると、笑顔で言葉を交わし、数秒間互いの手を固く握った。22年9月に訪問先の米ニューヨークで「懇談」した時のブスッとした表情とはまったく異なっていた。

「本格的な春の訪れを迎えたこの日に、私と尹大統領が将来に向けて日韓関係の新たな章を共に開く機会が訪れた」。首脳会談全体会合の冒頭で岸田がこう強調すると、尹も「難しい経験をしてきた日韓の両国関係が新しく出発する」と応じた。

双方の距離を一気に縮めたのは「両国の安全保障の危機」（尹）だった。22年2月のロシアによるウクライナ侵攻以降、日韓を取り巻く安全保障環境は悪化。会談当日の朝も北朝鮮が弾道ミサイルを発射した。

岸田と尹は、積み重なった懸案を一掃するかのように関係改善に向けた取り組みを一気に決めた。

会談は計約1時間半行われた。少人数会合ではまず、2011年12月を最後に中止されていた、両首脳が両国を行き来する「シャトル外交」の再開で一致。北朝鮮の弾道ミサイル対応で連携するうえで欠かせない情報共有のために、防衛情報を交換する際の取り決め「軍事情報包括保護協定」（GSOMIA）を正常化することでも合意した。日本政府の説明によると、会談で岸田はGSOMIAについて「安定的に運用されることは極めて重要だ」との考えを示した。

経済安全保障での関係強化も

日韓関係の正常化に向けた動きはこれだけにとどまらなかった。

会談に先立ち、日本政府は２０１９年から続けていた韓国向け半導体素材３製品の輸出規制の強化についての解除を発表。韓国側は世界貿易機関（ＷＴＯ）への提訴を取り下げることを表明した。

さらに、会談で両首脳は外務・防衛当局幹部が安全保障政策を話し合う「日韓安全保障対話」や「日韓次官戦略対話」の早期再開でも合意。経済安全保障の分野でも、日韓が高い技術力を持つ半導体のサプライチェーン（供給網）強化などのため、協議の枠組みを創設することを表明した。

会談後の共同記者会見で両氏は、成果を誇った。

「現下の戦略環境の中で日韓関係の強化は急務だ」と岸田が述べたのに対し、尹も「凍てついた両国関係で両国民が被害を受けてきたことに共感し、日韓関係を早期回復し、発展させる」と強調した。

韓国側が発表した徴用工問題をめぐる「解決策」について、岸田は改めて評価した。賠償を求める「求償権」の放棄の取り扱いについては「求償権の行使は想定していない」と述べた。尹は「もし求償権が行使される場合、再び全ての問題をスタート地点に戻してしまう。韓国政府は、求償権の行使は全く想定していない」と断言。質問した日本側の記者に「もし足りなかったらさらにお答えいたします」と語り、自信をのぞかせた。

韓国の尹錫悦大統領との会食のため東京・銀座の「吉澤」に入る岸田文雄首相

尹との首脳会談を終えた岸田はその夜、東京・銀座の日本料理店「吉澤《よしざわ》」で夕食会を開き、すきやきでもてなした。さらに尹の好物とされるオムライスの名店「煉瓦《れんが》亭」に移動。首脳同士の異例の「2次会」で大統領を歓待した。二人が笑顔で乾杯する写真は関係改善を強く印象づけた。

翌17日の記者会見。岸田は「大変楽しいお酒を飲ませていただきました」と満足げに語った。

歓迎行事に臨む韓国の尹錫悦大統領（左）と岸田文雄首相

徴用工問題「心が痛む思い」

5月7日、今度は岸田がソウルを訪問し、尹と会談した。3月に尹が訪日し、首脳会談を行った際、両国の首脳が頻繁に訪問する「シャトル外交」の再開で一致。これを受け、岸田が訪韓することで、日韓関係の発展を軌道に乗せるのがねらいだった。

日本の首相がシャトル外交で訪韓するのは、2011年10月の野田佳彦《よしひこ》以来、約12年ぶり。首脳会談は7日午後、ソウルの大統領府で行われた。少人数会合40分、全体会合65分、合わせて1時間45分に及んだ。岸田は終了後、尹と共同記者会見に臨み、冒頭の発言で焦点だった徴用工問題について自ら言及した。

「1998年10月の『日韓共同宣言』を含め、歴史認識に関する歴代内閣の立場を全体として引き継いでいる」

岸田は韓国政府が「解決策」を示した際に、日本政府が表明した内容に改めて触れ、「この立場は今後も揺るがない」と付け加えた。その後、踏み込んだ。

「私自身、当時、厳しい環境のもとで、多数の方々が大変苦しい、そして悲しい思いをされたことに心が痛む思いだ」

韓国内では、徴用工問題で日本側の明確な謝罪がないといった批判が根強かった。尹も厳しい状況に置かれており、岸田の発言が焦点になっていた。

「『個人の思い』としてならいいだろう」

伏線は5月3日にあった。

国家安全保障局長の秋葉剛男《たけお》がソウルを訪問して韓国国家安保室長の趙太庸《チョテヨン》と協議した際、尹とも面会した。韓国大統領府によると、秋葉は「日韓関係の改善を主導した大統領の勇気ある決断を高く評価し、少しでも報いたいという気持ちで訪韓を決心した」との岸田のメッセージを伝えた。

「心が痛む」という発言はどのように決まったのか。

初訪韓を控えた6日午後。前日にアフリカ4カ国とシンガポールの歴訪から帰国したばかりの岸田や官房副長官の木原誠二、外務省幹部らが首相公邸に集まった。事務方は徴用工問題に関する過去の国会答弁などの資料を用意。会談でどう発言するかに議論が集中した。

岸田は「この言葉を入れてくれ」と発言内容に修正を求めた。それが「心が痛む思い」という表現だった。

日本政府は、徴用工問題は解決済みという立場で、改めて謝罪することはできないというのが基本的な考え方だった。岸田は「政府の立場や理屈は変えられない。それでも、『個人の思い』としてならいいだろう」と考えた。

5月7日午後3時50分、ソウルの大統領府。岸田は尹と長机を挟んで向き合った。木原や秋葉ら側近だけが同席した首脳会談の少人数会合が始まった。

話題が徴用工問題に及ぶと岸田は「心が痛む思いだ」と発言。その内容を事前に伝えられていなかった韓国側は、驚いた様子だったという。会談後の共同記者会見でも岸田自ら同じ内容を語った。

岸田は会見で、東京電力福島第一原発の処理水問題で韓国の専門家の視察団を受け入れることも表明した。岸田は「韓国の方々に理解を深めていただくため」と、韓国国内で高まっていた懸念に対しての措置だと説明。岸田は「日本の総理として、自国民および韓国国民の健康や海洋環境に悪影響を与えるような形での放出を認めることはない」とも強調した。

さらに岸田は会見で、5月19日から広島で始まる主要7カ国首脳会議（G7サミット）の際に、広島市の平和記念公園にある韓国人原爆犠牲者慰霊碑で尹と「一緒に祈りを捧げる」と明らかにした。日本の首相としては小渕恵三が参拝したことがあるが、日韓首脳が共に参拝するのは初めてだった。

ロシアによるウクライナ侵攻や中国の台頭、北朝鮮による核・ミサイル開発――。日本を取り巻く安全保障環境が激変するなか、日韓関係の改善は岸田にとって大きな成果になった。岸田は外交に自信を深めると同時にG7広島サミットの「成功」に向け、環境を整えていった。

そして、岸田はある極秘のプロジェクトを進めることになる。

主要7カ国首脳会議（G7サミット）を目前に控え、岸田文雄はG7首脳で唯一、ウクライナ侵攻後に現地を訪問できずにいた。極秘裏の準備の末、電撃訪問を果たした、その舞台裏を追った。

第6章
ウクライナ訪問の舞台裏

秘密裏の準備

雷雨が地面をたたきつけていた。ニューデリー中心部にほど近いタージパレスホテル。2023年3月20日午後8時（日本時間同日午後11時半）ごろ、ホテルに複数ある裏口の一つから、首相の岸田文雄や政府高官ら数人が乗ったバスが走り出した。綿密に、かつ、秘密裏に準備されたウクライナ訪問の始まりだった。

その直後、車中に緊張が走った。バスの車窓から、傘を片手に辺りを見回す3人ほどの記者らしき姿が見えた。記者に見つかったら、計画が水泡に帰すことになりかねない。しかし、岸田が車中にいると気づいた様子はなかった。

バスはパラム空軍基地に着いた。岸田はチャーター機に乗り込んだ。

岸田の地元・広島で2023年5月に開かれる主要7カ国首脳会合（G7サミット）では、ロシアによるウクライナ侵攻問題が最大のテーマとなることは、確実だった。だが、G7首脳の中でウクライナ侵攻後に現地を訪問して大統領のゼレンスキーと対面で会談をしていないのは、岸田のみだった。議長国としてサミットを主導する立場でありながら、ウクライナの実情を直で知らない現状に、岸田は焦りを強めていた。

列車に乗車、目に入った報道機関の姿

岸田が日本到着まで乗ったチャーター機「ボンバルディア・グローバル7500」のフライト記録を航空機の飛行状況を示すウェブサイト「フライトレーダー24」でたどり、政府関係者への取材と重ね合わせると、午後8時56分、ポーランドに向けて飛び立っていたことがわかった。チャーター機は7時間半近くにわたって飛び、ポーランド南東部にあるジェシュフ空港に現地時間20日午後11時41分（同21日午前7時41分）に到着した。

岸田らは複数の車に分乗し、ウクライナとの国境の街、プシェミシルの駅へと向かった。岸田らが列車に乗る際、テレビカメラを向ける報道機関があった。報道が先行すれば、与党幹部から「聞いてない」などと反発を招きかねない。「撮られたのでもう根回しを始めよう」。岸田は必要な連絡を終えると、岸田を含む全員が携帯電話の電源を切った。携帯の電波で位置を特定されれば、襲撃される恐れがあるからだった。

21日午後、キーウに到着した岸田が向かったのは、近郊のブチャだった。ブチャは一時

キーウ近郊ブチャで集団墓地が見つかった教会を訪れた岸田文雄首相

ロシア軍に占領され、多くの民間人が殺害されていたことが同軍の撤退後に判明した。「現場を見たい」との岸田の意向が反映された。

自転車に乗っていただけで射殺された、まるでゲームのように撃たれた――。埋葬地をめぐり、当時の様子に耳を傾ける岸田の顔は次第にゆがんだ。

「強い憤りを感じる。日本はこれからもウクライナの平和を取り戻すために最大限の支援を行っていきたい」

岸田はブチャの市長らにそう伝えた。

キーウに戻った岸田は、ゼレンスキーとの首脳会談に臨んだ。初めて対面した2人は互いの右手を強く握り合った。外務省幹部は「危険を顧みずに現地に行くのは、どんな言葉よりも強いメッセージになる」と語った。

日本政府によると、岸田は会談で、「唯一の戦争被爆国である我が国として、ロシアの核兵器による威嚇は受け入れられず、ましてや、ロシアが77年間にわたる核兵器の不使用の記録を破るようなことがあってはならない」と強調し、G7広島サミットでも、こうしたメッセージを強く打ち出す考えを表明した。これに対し、ゼレンスキーは「ロシアによる核兵器使用の威嚇への対応や、原子力発電所の占拠についてもしっかり取り上げて欲しい」と求めたという。

岸田は新たなウクライナ支援策として、エネルギー分野などへの新たな無償支援などで4・7億ドル（約620億円）を供与することを伝えた。会談後の共同記者会見で、岸田は「ウクライナの美しい大地に平和が戻るまで、日本はウクライナとともに歩んでいく」と語った。

「調整できなきゃ外務省なんていらねえ」

ウクライナ訪問は通常国会の合間を縫うように実現した。3月19日からのインド訪問にあわせて計画された。

どのように準備していたのか。首相周辺は「およそ1カ月前に日程を決めていた」と明かした。2月20日には米大統領のバイデンが電撃訪問し、翌日にはイタリア首相のメローニが続いた時期に重なる。ちょうどその頃に決まったインド訪問に合わせる計画が浮上した。

「安全と保秘を徹底した上でキーウに行けるように調整してくれ。それができなけりゃ、外務省なんていらねえ」

2月下旬、岸田は珍しく感情を表に出して強く指示すると、外務省幹部らの顔がこわばった。

政府関係者によると、岸田はこれまで少なくとも2度にわたって、機会をうかがっていたという。

1度目は2022年6月だった。北大西洋条約機構（NATO）首脳会議に出席するため、スペインを訪問。そのままウクライナに向かう案だった。2度目は2022年12月に臨時国会が閉会した後のタイミング。いずれも戦況が悪化したり、情報が漏れたりしたため、断念せざるを得なかった。

年明けからは通常国会が始まり、新年度予算を成立させるため、国会審議への出席を優先しなければならない。海外渡航には国会の事前承認が必要で、難しさが増した。

こうした中、1月6日に岸田が電話で協議したゼレンスキーから直接、キーウ訪問を要請されると、与野党から国会への事前通告がなくても渡航を認める意向が示され始めた。

ハードルが下がり、政府内の準備も本格化した。

準備にあたったのは、首相官邸、外務省、国家安全保障局（NSS）の限られたメンバーだった。現地の治安情報を集めつつウクライナ側と水面下で調整を重ねた。訪問時の警護はウクライナ政府に委ねた。訪問時のシミュレーションを一つひとつ詰めた結果、詳細な安全確保策が固まったのは3月10日前後だった。

ロシア側にはウクライナ訪問を事前に通告。日程が固まり、官邸の指示を受けて、外務省がチャーター機を手配した。最終的にウクライナ訪問はその当日まで公になることはなかった。

岸田がポーランドを経由して日本に帰国した3月23日、その後1カ月続く統一地方選が幕を開けた。最大の焦点は、統一地方選の後半戦に合わせて行われる、参院大分、衆院の千葉5区、和歌山1区、山口2区と4区の衆参5補欠選挙だった。

補選の街頭演説で岸田は「私は日本の総理大臣として戦後初めて、戦地であるウクライナを訪問した。その3日前には、韓国の尹（錫悦）大統領に2国間訪問としては12年ぶりに日本を訪問してもらい、日韓の首脳会談を行った」と胸を張った。

得意とする外交で成果を上げ、一時は混迷を極めた政権運営を何とか持ち直して迎えた衆参5補選は、岸田にとって「中間評価」と位置づけられた。気付けば政権発足から1年半が経とうとしていた。

岸田文雄は首相として何をめざし、重要政策は首相官邸内でどのように決まっているのか。「何をしたいのかわからない」。そんな評判が絶えない岸田官邸の内実に迫る。

第７章

岸田官邸の実像

「安倍さんもやれなかったことをやった」

衆参五つの補欠選挙の開票が続いていた。2023年4月23日夜、岸田は部屋着姿で住まいである首相公邸にいた。同居する長男で首相秘書官を務める翔太郎と一緒にNHKの開票速報を見ていた。

時折、岸田の携帯電話が鳴った。自民党幹部からだった。速報で参院大分選挙区補選での劣勢が伝えられると顔をしかめた。

4勝1敗――。自民は補選前に持っていた3議席から一つ増やした。結果が判明すると岸田は一安心した表情を見せた。

岸田はいつ、衆院解散・総選挙に打って出るのか。補選の結果を踏まえ、永田町の関心は、岸田の出方に集まった。

「今、解散・総選挙は考えていない」。翌24日朝、首相官邸で記者団の質問に淡々と答えた。

ただ、その夜、周囲にこう漏らした。

「補選の結果は解散の判断に影響しない。解散は総裁2期目を考えたときに、一番良いタイミングでやる」

自民党総裁の任期満了は2024年9月に迎える。岸田は2期目をめざし、周囲には総裁選に立候補する意欲を見せている。

とはいえ、補選での4勝は、喜べるような内容ではなかった。参院大分はわずか341票差の勝利だった。衆院千葉5区は勝ったものの、接戦にもつれ込んだ。衆院和歌山1区は日本維新の会に敗れ、その勢いを見せつけられた。

内閣支持率もウクライナへの電撃訪問などを好感し、上向いたが、2022年7月の参院選直後の水準までは戻っていない。なのに、1年以上も先の総裁選に照準を定められるのはなぜか。

「俺は安倍さんもやれなかったことをやったんだ」

2022年末、岸田は元首相の安倍晋三の名を挙げ、高揚感を隠しきれない様子を周囲に見せた。

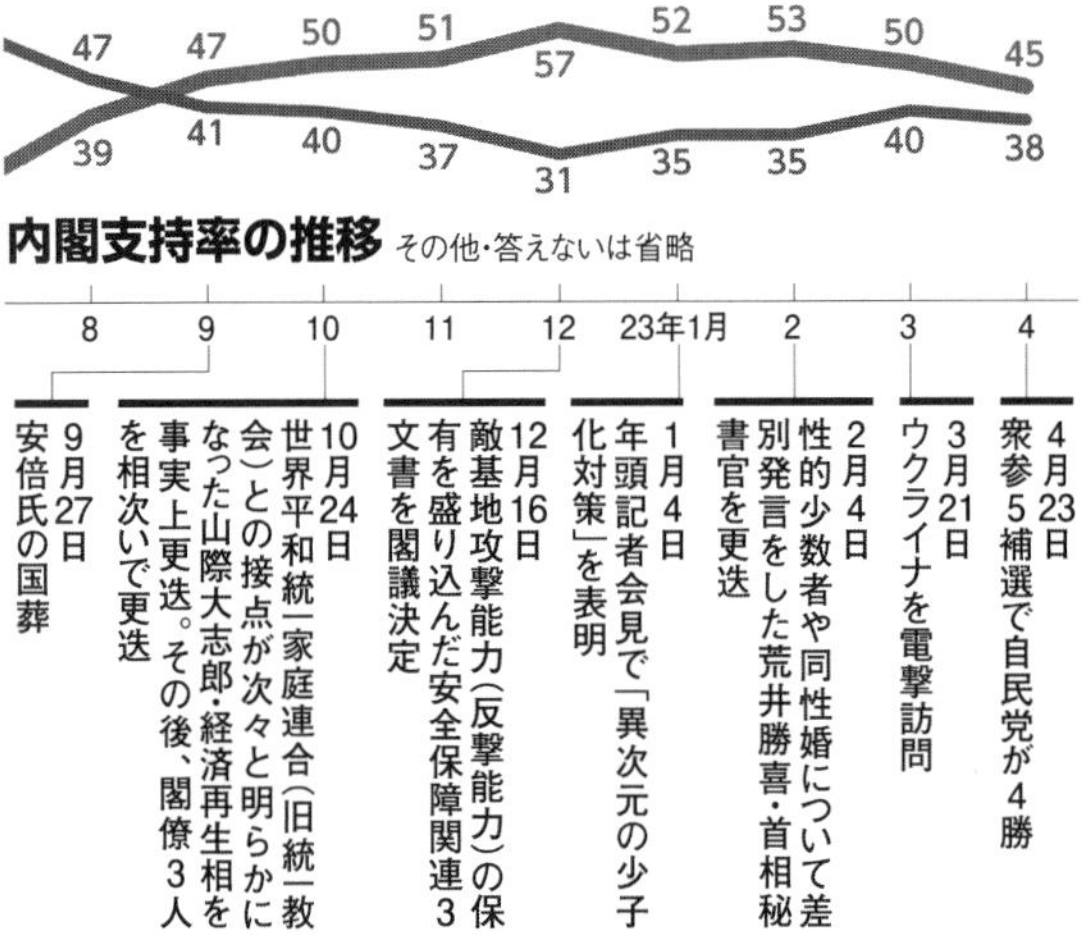

内閣支持率の推移 その他・答えないは省略

自信なのか、慢心なのか

岸田政権は2022年12月、国家安全保障戦略など安保関連3文書を改定し、敵基地攻撃能力（反撃能力）の保有を決めた。原発政策では、再稼働の推進だけでなく、建て替えや運転期間の延長に踏み込む方針を決定した。

戦後日本の安全保障政策、東京電力福島第一原発事故後に堅持してきた原発政策を一気に大転換させた。

だが、岸田はその説明を尽くし、十分な議論を行ったとは言いがたい。疑問を置き去りにした方針転換に世論の評価は割れている。

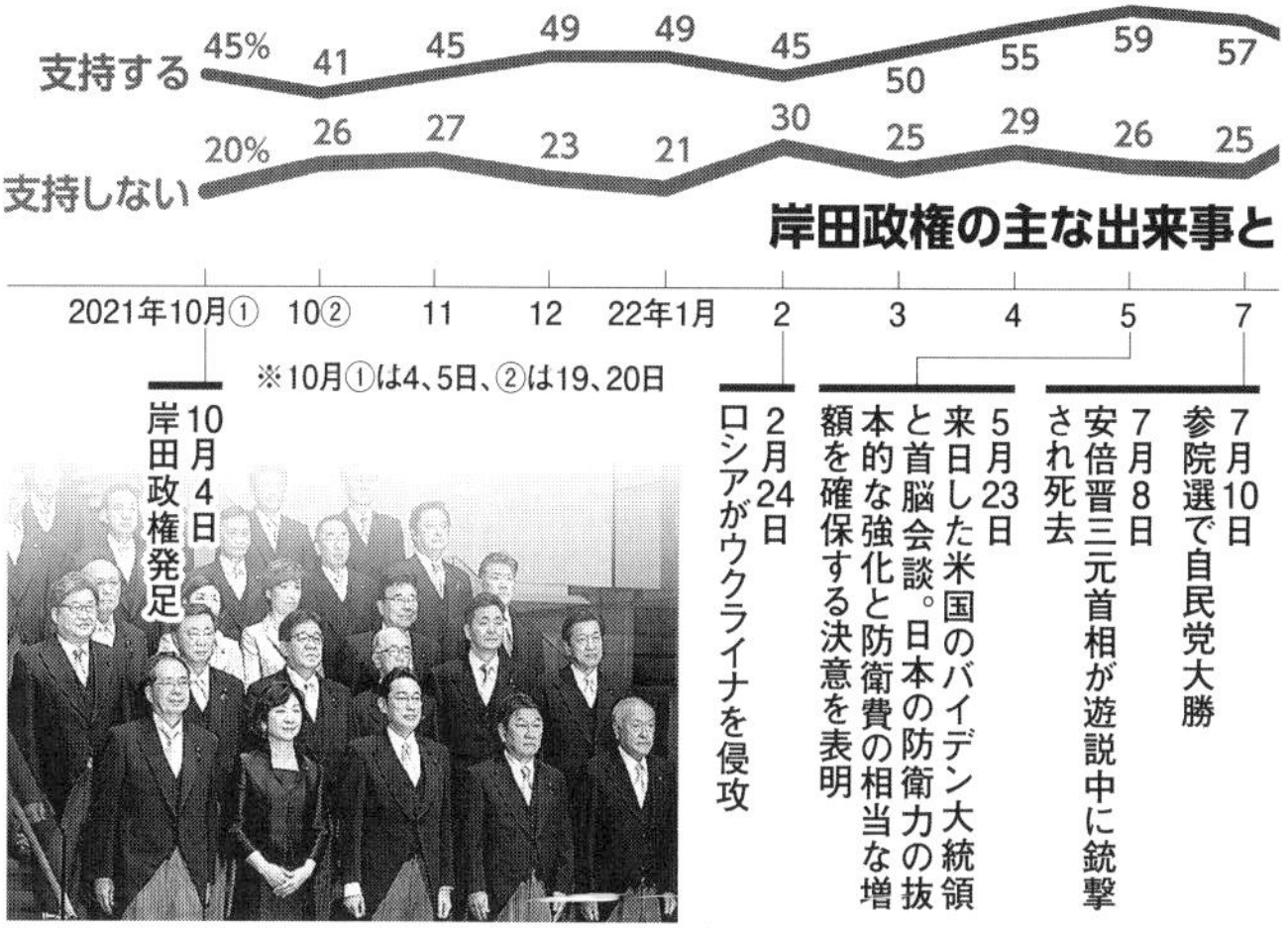

内閣支持率は朝日新聞社調査による

自信なのか、慢心なのか。自民党総裁2期目を視野に入れる岸田は何をめざすのか。岸田やその周辺への取材を重ねると、どん底にあった2022年12月、政権最大のピンチを乗り切ったことが、その後の「転機」となったと口をそろえた。

『乱気流』の中にいるようだった

「なんとしても今国会で通したい。さらなる工夫を考えて欲しい」

岸田は2022年12月、旧統一教会の問題を受けた不当寄付勧誘防止法（被害者救済新法）について、臨時国会での成立をめざしていた。その大詰めを迎え、野党から修正を迫られる中、岸田の指示で関係幹部が週末も調整を続けた。

「まるで『乱気流』の中にいるようだった」。官邸幹部は当時をこう振り返る。

参院選の最中の2022年7月8日、安倍が銃撃され、死去した。旧統一教会と自民党の関係が次々と表面化。岸田は「安倍派の問題だろう」と受け流し、対応が遅れた。独断で決めた安倍の「国葬」への批判も強まっていった。

さらに、旧統一教会の問題や失言、「政治とカネ」などをめぐって閣僚らを相次いで更迭した。その更迭の判断も後手に回り、与党からも批判を浴びた。内閣支持率は続落。政権は迷走し、追い詰められていた。

「臨時国会は間に合わない」。救済新法の成立について消費者庁幹部が早々に官邸幹部に伝えた。それでも「来年まで引きずっていいことはない」と成立にこだわったのが岸田だった。政権をなんとか立て直したい。そんな思いもあった。

救済新法は12月10日、参院本会議で可決、成立した。岸田はこう漏らした。

「一つの区切りはついた。かなり無理をさせたが」

「岸田官邸の転機はこの時だった」。岸田と周辺の見方は重なる。岸田主導で政治と行政がかみ合い、危機を乗り越えたことが「自信」につながっているのだという。

「なぜ総理大臣になったの？」子どもの質問に困惑

年が明けた。岸田は1月4日、記者会見に臨んだ。「岸田政権の歴史的役割」に触れ、「これ以上先送りできない課題に正面から愚直に挑戦し、一つひとつ答えを出していく」と力を込め、新たに「異次元の少子化対策」を掲げた。

先送りできない課題に取り組むのは、岸田として当然の役割でもある。では、首相として何をしたいのか。

東日本大震災から12年を迎えた2023年3月11日、福島県相馬《そうま》市を訪れた岸田は、子どもから「なぜ総理大臣になったのか」と聞かれた。

「これはね、いろいろ語りだすと難しいんだけど……」。突然の質問に困った表情を浮かべた。

「政治家になって、やりたいと思うことを実現する。やめてほしいと思うことをやめてもらう。総理大臣は一応、日本の社会の中で一番権限の大きい人なので、総理大臣をめざした」

首相になる前から「やりたいことが見えない」との批判がつきまとっていた。岸田が掲げる「新しい資本主義」も中身が定まらない。憲法改正や拉致問題の解決などを訴えた安倍と比べると、その違いが際立つ。

岸田はこう周囲に語った。

「先送りされてきた課題はいっぱいある。この先いくらでも他の課題が出てくる。今はやることをやっていくしかない」

官僚が用意した答弁ライン「正確に守ってくれる」

首相として、やりたいことをやるのではなく、やらなければならないことをやる。そう思い定める岸田が次に見据えるのが「賃上げ」だ。

「今年の春闘は、30年ぶりの賃上げ水準となっており、力強いうねりが生まれています。このうねりを地方へ、中小企業へ広げるべく、全力を尽くしてまいります」

岸田は2023年4月29日、連合が主催するメーデー中央大会に出席した。首相の出席は2014年の安倍以来、9年ぶりだった。

なぜ、賃上げなのか。「賃上げをすれば、負担増も納得してもらえる」。岸田はその狙いの一つをこう明かした。

実際、負担増が待ち受けている。岸田政権は防衛力の抜本的強化に必要な財源を確保するため、増税する方針を打ち出している。異次元の少子化対策を実現するためにも負担増は避けられない。そのためには賃上げが必要だという理屈だ。

だが、焦点の中小企業や地方にまで賃上げが広がるかは見通せない。

なぜ、そのような施策や負担増が必要なのか。広く議論し、理解を得ようとしているのか。やるべき「大義」を盾に大方針を決めるが、聞かれたことには正面から答えない。そんな岸田の姿勢も定着しつつあった。

「ウクライナは明日の東アジアかもしれない」と危機感を訴え、敵基地攻撃能力（反撃能力）の保有などを決めたものの、国会で問われても「手の内を明かすわけにはいかない」などと答えない場面が多かった。原発への回帰でも、既定方針を繰り返す姿勢が目立った。

安倍は国会でいら立ちを隠さず、荒々しい言葉をぶつけ、問題視されることも少なくなかった。自民党幹部は岸田について「同じ答弁を繰り返せるのが強み。安倍さんとはそこが違う」と言い、答弁を批判されても、それを繰り返すことが苦にならないとみる。

首相答弁を作る官邸スタッフはこうみる。

「答弁ラインを伝えるとかなり正確に守ってくれる。『ここまでなら言っても良い』と基準を示すメモを極めて正確に守る」。官僚が用意した答弁ラインを守る結果、形式的な質疑が積み重なっていく。

岸田本人にとってみれば、何度も質問に答えているので、きちんと説明している——。そんな思い違いがズレをさらに増幅させているようにも見える。

やりたいことよりも、やらなければならないことをやる。だが、納得が得られる十分な説明は後回しで、方針だけが決まっていく。そんな岸田の実像が浮かび上がる。

官邸を支える2人の番頭

「やりたいことよりやるべきこと」。それが岸田の統治の手法とするならば、岸田にとっての「やるべきこと」とは、どのように決まっているのか。岸田官邸の1年半を振り返ると、数ある政策課題の取捨選択には、2人のキーパーソンの存在が浮かび上がる。

ワールド・ベースボール・クラシック（WBC）の日本対メキシコ戦のテレビ中継に多くの人が釘付けになっていた2023年3月21日午前、岸田はウクライナで列車に揺られていた。

前夜、外遊先のインドのホテルを裏口からひそかに抜け出し、ポーランドを経て、陸路でキーウをめざしていた。ホテルに取り残された首相秘書官は、岸田が出発した後に計画を知らされたという。

「岸田総理がウクライナを電撃訪問」のニュース速報が流れたのは、ちょうど九回、無死一、二塁で日本代表の村上宗隆に打順が回ってきたときだった。

電波で居場所を知られないよう、携帯電話の電源を切り、外部からの電波も遮断。通訳などの外務省関係者や警護のSPも絞り込み、随行者は10人足らず。穀倉地帯を走る列車の中に、岸田と深夜までゼレンスキー大統領との会談の打ち合わせをしていた2人の側近の姿があった。

首席首相秘書官の嶋田隆と官房副長官の木原誠二。

政権の機微に触れる重要な政策決定には、必ずこの2人が関わる。2023年2月に発表されるまで、保秘が徹底された日本銀行総裁の後任人事。2人は数カ月前から、水面下で候補者のリストアップを進めてきた。

経産省へ直接指示　まるで「嶋田資源エネルギー庁長官」

先にも触れたように、嶋田は岸田と同じ開成高校の2年後輩。東大卒で通商産業省（現・経済産業省）に入り、事務方トップの事務次官も務めた。官房長官や財務相を歴任した故与謝野馨の信頼が厚く、閣僚になるたびに秘書官として起用された。東京電力福島第一原発事故の後は、原子力損害賠償支援機構の理事や、東電取締役に就き、東電の経営再建を主導した。

退官後、富士フイルムホールディングスの社外取締役などを務めていたが、2021年9月の自民党総裁選の結果が出る数日前、岸田から「もし勝ったら、やってほしい」と誘われた。岸田の長男、翔太郎と同じ「政務秘書官」として、各省庁のエース級が集まる秘書官を束ね、岸田に最も近い場所で執務に臨む。

岸田官邸を支える2人の「番頭」

木原誠二 官房副長官	嶋田隆 首席首相秘書官
・財務省官僚から国会議員へ転身 ・岸田派の政策ブレーン ・2009年の総選挙に落選後は、コンサルティング会社にも勤務 ・兄・正裕氏はみずほフィナンシャルグループ社長	・経済産業省で事務方トップの事務次官などを歴任 ・原発政策の転換などエネルギー関連は自ら指揮 ・熊本地震では、被災地で省庁横断型の幹部会議を指揮 ・開成高校では首相の2年後輩
政治のトップダウン	**官僚のボトムアップ**

嶋田の職場は、岸田や官房長官の執務室が並ぶ首相官邸の最上階、5階にある。秘書官室にはコの字形に机が配置され、左右に居並ぶ秘書官全員が見渡せる中央に嶋田が座る。嶋田の背中の向こうには、扉を挟んで岸田の執務室がある。岸田へのあらゆる報告はすべて嶋田がチェックし、岸田の指示は嶋田が差配した。

嶋田は思い入れの強いエネルギー政策には自ら首を突っ込む面もある。

物価高騰を受けた電気料金の値上げ抑制策や、原発の建て替え（リプレース）を含む政策転換をめぐっては連日、経産省に直接指示を出し、書類も自ら書いた。

その細やかな働きぶりをある事務秘書官はこう表現した。「『嶋田資源エネルギー庁長官』、いや『嶋田課長』といってもいいぐらいだ」

だが、政策全般では、嶋田が率いる官邸スタッフによる省庁への「介入」は抑制的と言える。岸田政権が「適度な政治主導と適度な行政の推進」（首相周辺）を重視しているからだ。

経産省の同期で第2次安倍政権では首席首相秘書官を務めた今井尚哉《たかや》は重要政策を自ら主導していた。対する嶋田は政策の実務を粛々と進めるタイプだ。

第2次安倍政権では、官房長官の菅義偉が「内政は全部、俺に任せてくれている」と周囲に語る一方、あらゆる政策に口を挟み、「反対するなら異動してもらう」とも公言。官邸主導で政策が進む一方、「官邸に箸の上げ下ろしまで指図される」（経済官庁幹部）と官僚の萎縮を招いた。

岸田政権では、岸田の意を受けた官邸が重要な判断や方向性は示すが、官僚の専門性に委ねる。ある省庁の幹部は「首相は決められないと言われるが、それだけ意見が上がっているということだ」と話す。

嶋田自身、官邸と現場の省庁がそれぞれの役割を発揮したケースを経験している。史上初めて震度7を連続記録した16年4月の熊本地震の時だ。

当時、経産省ナンバー3の官房長だった嶋田は官邸の命を受けて現地で省庁幹部が集う会議の事務局長を務め、生活インフラの復旧から被災者の健康管理まで、省庁をまたぐ対応を担った。災害の初動対応がスムーズに進んだ好例として、霞が関では熊本の頭文字と幹部の人数を取って「K9《ケーナイン》」と呼ばれる。

「木原さんには『拒否権』がある」

これに対し、アクセルとブレーキを使い分けて、政権の浮沈に関わる重要政策をコントロールしているのが、木原だ。

「異次元の少子化対策に挑戦する」。2023年1月4日、岸田が年頭の記者会見で打ち出した少子化対策に「異次元」の言葉が躍った。奇をてらわない岸田らしからぬ言葉選びもさることながら、官邸スタッフが驚いたのは、児童手当の拡充を柱に掲げたことだ。財務省は児童手当の拡充は少子化対策への効果が薄いと否定的だった。

なぜ、「終わった話」（財務省幹部）の児童手当が突如、重要施策に躍り出たのか。木原は、首相会見から2日後の報道番組で「異次元」の名付け親は「私ではない」とけむに巻いた。だが、財務省幹部は「『異次元』と言い出したのも、（目玉政策の）児童手当の拡充にこだわっているのも、木原さんだ」と言い切る。

木原は東大法学部を卒業後、財務官僚を経て05年に初当選。岸田派の政策ブレーンとして頭角を現し、派閥では事務局長を務める。岸田が総裁選に出る際の公約も手がけたとされる。

反面、「支持率に一喜一憂するべきだ」と、世論には人一倍敏感な側面も併せ持つ。

コロナ禍が落ち着きを見せ始めた2022年6月、国土交通省は冷え込んだ旅行需要を回復させるため、地域内の旅行に限った支援策「県民割」を、都道府県の判断で全国から受け入れられるよう拡大する計画を官邸に示した。

秘書官の多くは前向きだったが、木原の答えは「ノー」だった。「（7月の参院の）選挙前に、都道府県にリスクを押しつけるなんてとんでもない」。実施は最終的に10月までずれ込んだ。

ある経済官庁の幹部によると、世論の反発を先読みし、コロナ対策の緩和にストップをかけたのも木原だったという。幹部は「嶋田、木原は岸田を頂点とした二等辺三角形ではない。木原さんには『拒否権』がある」と解説する。

岸田が自らの政権構想をまとめた著書『岸田ビジョン』には、こんな記述がある。

絶えずトップダウンでは国民の心が離れていってしまう。絶えずボトムアップではなかなか決められない――。

官僚からのボトムアップを重視する嶋田と、官邸からのトップダウンを指揮する木原。岸田は役割が異なる2人の「番頭」を据えることで、自ら掲げたビジョンを実践しているように見える。

だが、官邸が省庁の幹部人事を掌握するため、第2次安倍政権時代の14年につくられた内閣人事局は今も健在だ。圧倒的な人事権を背景に官邸が官僚を抑え込む可能性は、今もくすぶる。

あるベテラン官僚は、「秘書官が資料の『てにをは』にまで口を出し、司令官みたいになっている」と語る。政府関係者は、かつてのように官邸からの圧力が強まりつつあることを懸念する。「政権発足当初は風通しが良かったが、官邸スタッフと霞が関の官僚の間に摩擦が起き始めている」

悩ましい茂木の存在

一時の混迷から安定飛行に戻った政権運営に自信を深めつつあった岸田は、長期政権への展望を描き始めた。2024年9月に控える自民党総裁選の再選に向けては、自ら率いる岸田派が党内第4派閥にとどまることの基盤の弱さを克服し、ライバルの存在をいかに抑えるかが焦点となる。衆院解散・総選挙に踏み切る判断もまた、岸田は、総裁再選と長期政権実現への重要なカードと見ていた。

2023年4月17日夜、東京・南青山の天ぷら料理店。岸田は自民党幹事長の茂木敏充と向き合っていた。2人きりでシャンパンや白ワインを飲みながら語り合ったのは、投開票が6日後に迫った衆参五つの補欠選挙についてだった。

事前の調査で自民候補の苦戦が伝えられていた。茂木は岸田に「万が一、1勝4敗になるようなことがあっても、すぐに政権ががたつくようなことはない」と力説した。そして、こう続けた。「3派で岸田政権をしっかりと支えていきます」。岸田は顔をほころばせた。

茂木の言う「3派」とは、岸田派と茂木派、そして副総裁の麻生太郎が率いる麻生派だ。政権が発足して以降、3人は党本部などで定期的に協議したり、毎月のように食事をともにしたりして、密な情報交換を欠かさない。3人のうちの一人は「派閥として固まりがあるのは岸田派、麻生派、茂木派だ」と主流派を自任し、「三頭政治」を誇る。

変容する党内の力学

岸田をとりまく党内力学は徐々に変容した。

岸田は当初、麻生派の甘利《あまり》明《あきら》を幹事長に起用した。実力者の元首相の安倍晋三にも近いことが理由だった。ところが直後の衆院選で甘利が選挙区で落選。後任に茂木を起用した。岸田派と源流を同じくする麻生派と谷垣グループの固まりに、茂木派が脇を固めるという今の体制が完成した。麻生、茂木に加え、総務会長の遠藤利明（谷垣グループ）の3人は、役職こそ一部変わったものの、一貫して党中枢を占めている。

2022年8月の内閣改造・党役員人事では、安倍側近だった萩生田光一を政調会長に起用した。「非主流派」代表格の前首相の菅と関係が近い森山裕を選挙対策委員長に充てた。

一方で、総裁選で争った河野太郎と高市早苗は閣内に取り込んだ。「ポスト岸田」の野心を隠さない2人の動きを封じて、「待望論」の芽を摘む狙いがあった。

「もっと増えてもいいんだけどなあ」

モザイクのように各派が入り交じる足元。その背景には岸田の党内基盤の弱さがある。岸田派は党内第4派閥で衆参合わせて46人。最大派閥の安倍派（100人）の半分にも満たず、第2派閥の麻生派（55人）、第3派閥の茂木派（54人）よりも少ない（いずれも2023年5月当時）。

それだけに、岸田は党内基盤の維持・強化に腐心してきた。カギは首相経験者への「報告・連絡・相談」だ。特に最大派閥を率いた生前の安倍を重視。重要な意思決定への理解を得るため、こまめに報告に訪れ、安倍派から官房長官の松野博一ら複数の閣僚を登用した。岸田は、自身と距離がある菅にも定期的に事務所を訪ねて、気をつかう。安倍亡き後は菅を「副総理」で処遇する案も一時浮上した。

一方で、岸田は党内基盤の弱さという現状の打破も模索した。

2023年3月上旬、東京・霞が関のビル内にある宴会場。岸田は自ら率いる派閥「宏池会」の中堅・若手議員らとワイングラスを片手に談笑していた。「無条件に応援してくれる仲間だと思っている」。岸田は素直に心情を吐露した。

あるテーブルではこんな本音も口にした。

岸田文雄首相と自民党の主な有力者の関係

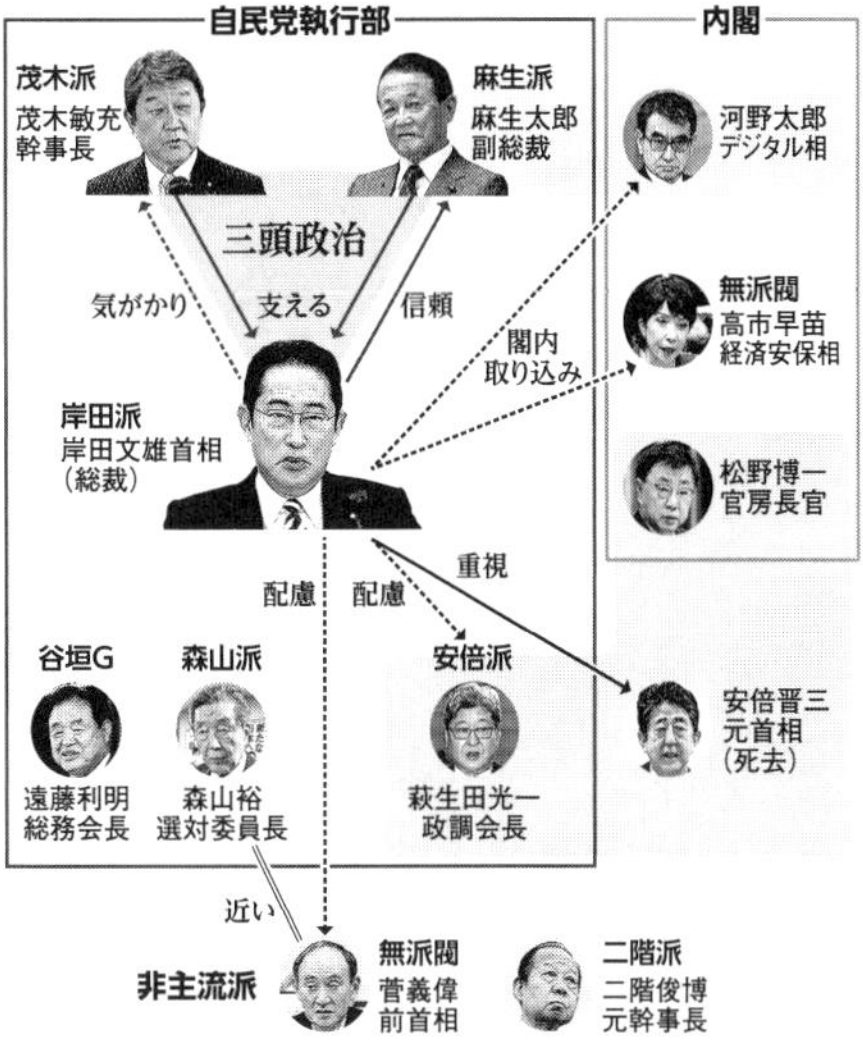

「総理・総裁派閥なんだから、俺のところがもっと（人数が）増えてもいいんだけどなあ」

岸田はおもむろに、宏池会が輩出した歴代首相の在任日数の話を始めた。

「今年の夏までやれば宮沢喜一さんを抜く」

岸田が在任日数の話を人前でする機会はほとんどない。この言葉を聞いた一人は「池田さんを超える長期政権を意識している」と感じた。

岸田を除く宏池会出身の首相は4人いる。大平正芳が554日、宮沢が644日、鈴木善幸《ぜんこう》が864日で、最長が宏池会創設者の池田勇人《はやと》の1575日だ。

岸田政権は5月26日で600日を数えた。2026年の1月まで首相を続ければ、「池田超え」を達成する。来年9月に任期満了を迎える自民党総裁に再選されれば、その背中は見えてくる。

政治の世界は数の力が物を言う。「仲間」を増やすことは総裁再選の近道となる。岸田派の若手からは派閥拡大について「もっとアグレッシブにいくべきだ」との声も上がる。

4月には2022年夏の参院選比例区で初当選した参院議員が岸田派に入会した。岸田の地元の広島出身で、選挙戦でも岸田自ら地方組織に指示するなど、積極的に支援した。ただ、ある派閥の幹部は「総裁派閥ともあろうものが、自分たちだけせっせと人数を増やそうとするなんておかしい」と、眉をひそめる。

「俺は就任以来、衆院選も参院選も勝ってきたんだ」

党内に明確な対抗馬がいない中、岸田は総裁再選に向けて地歩を固める。「岸田の次は岸田」。複数の政権幹部からはそんな言葉すら聞かれるようになった。

岸田にとって気がかりなのは岸田を「支える」と言う茂木の存在だ。安倍政権で外相や経済産業相、党幹部を相次いで歴任。能力の高さは党内でも指折りだ。その茂木が2023年の年明け以降、岸田肝いりの少子化対策で、岸田を差し置いて、政府との調整もほとんどないまま、「児童手当の所得制限撤廃」や「給食費無償化」を打ち出した。党内では茂木の野心の発露と見る向きもあった。

岸田が総裁再選に道筋をつけるには、茂木を取り込んでおく必要がある。党内では、総裁再選にも直結する衆院解散・総選挙を戦って勝利し、「勝った幹事長」として茂木を続投させる案もささやかれた。

敵基地攻撃能力（反撃能力）の保有を盛り込んだ安全保障3文書の改定、原発の建て替え・運転期間の延長を含む原発政策の転換——。長期政権を築いた安倍でもなし得なかったと自負する数々の課題への取り組みを岸田は誇った。

旧統一教会問題や閣僚の相次ぐ辞任といった一時の逆風を乗り越えたことで、「自信」を深めた。新型コロナの感染者は減り、ロシアが侵攻するウクライナには電撃訪問した。5月19日からは地元広島で主要7カ国首脳会議（G7サミット）を開いた。

衆院議員の任期は2025年10月まで。自民党総裁の任期は24年9月まで。どちらも任期まで1年以上を残すなかでも、永田町では早期解散論が消えなかった。そして、それがさらに岸田の求心力を高めた。

「俺は就任以来、衆院選も参院選も勝ってきたんだ」。かつて、支持率が低下していた時、岸田は周囲にこう語った。衆院解散という「伝家の宝刀」をいつ、どう抜くのかを岸田は見極めている。

再読「岸田ビジョン」

そもそも、岸田文雄とはどんな人物なのか――。

その答えを求めて岸田の著書『岸田ビジョン　分断から協調へ』（岸田文雄、講談社＋α新書）を読み返してみた。

『岸田ビジョン』は２０２０年9月、岸田が初めて自民党総裁選に挑むにあたって出版された。生い立ちから政治家になったきっかけ、首相をめざす自身の「初心」が記されている。翌21年、首相に就任する際には新書化され、冒頭にこんな一文が加筆された。

「『聞く力』を持つ新しいタイプのリーダーになることを、ここであらためて国民の皆さまにお約束します」

どんなタイプのリーダーなのか。

「暖簾《のれん》に腕押し作戦」

『岸田ビジョン』で前面に掲げたのは、「一強」政治で時に強権的な姿勢も目立った元首相の安倍晋三、前首相の菅義偉との違いだった。直後の衆院選では街頭演説で「岸田ノート」と自ら呼ぶ青いノートを掲げてアピールした。

菅がコロナ禍で何度も緊急事態宣言を延長したことを念頭に、国民への説明の重要性も指摘している。

「絶えずトップダウンでは国民の心が離れていってしまいますし、絶えずボトムアップではなかなか物ごとを決められません。この二つの使い分けが大事で、私の政治姿勢もそれを理想としています」(同書5〜6ページ)

安倍、菅両政権との違いをアピールするような記述は、さらに続く。

「これまでの自民党政権に対して国民が疑念を抱いた問題があれば、それもできる限りの情報公開をして、徹底した説明を行いたい。その愚直な繰り返しでしか、国民の皆さんの信頼を得ることはできない」(同書10〜11ページ)

ところが、岸田は就任後、森友学園の問題をめぐる公文書改ざんについて再調査を否定した。その後の「旧統一教会」の問題でも、自民党の調査を議員の自己申告にとどめた。『岸田ビジョン』にはこんな記述もある。

「政治家は、罵倒されたからと言って自分が感情的になってはいけません。糠《ぬか》に釘ではないですが、ありがとう、と笑って受け流す『暖簾に腕押し作戦』で切り抜けるしかありません」(同書195ページ)

09年に自民党が下野した衆院選の街頭演説で多くの罵声を浴びた経験を振り返り、「笑って受け流す」ことの大切さをつづった。

「暖簾に腕押し作戦」は岸田流の国会戦術でもある。どんなに厳しく追及されても、安倍や菅のように色をなして反論することはほとんどない。だが、「まだ決まっていない」など具体性に乏しい答弁が多く、議論が深まっていない。その結果、野党は攻め手を欠いている。

岸田は父・文武《ふみたけ》の急逝を受けて93年の衆院選に挑み、初当選した。順調に当選を重ね、07年に沖縄・北方担当相で初入閣。第2次安倍政権では外相を戦後2位となる4年7カ月にわたって務めた。岸田は外交に関してはかなりの自信を持っている。

「外交・安全保障の分野では、私以上に経験豊かな政治家はあまり見当たらないと自負しています」（同書9ページ）

一方、安全保障に関して、岸田はこう記している。

「私が会長を務める宏池会は、（中略）『軽武装、経済重視』を志向してきました。（中略）徹底した現実主義に基づく政策判断こそ、宏池会の理念です」（同書60ページ）

岸田は2022年12月、国家安全保障戦略など安保関連3文書を改定し、「敵基地攻撃能力（反撃能力）」の保有を決めた。防衛費は国内総生産（GDP）比2％まで増やすとし、そのために増税する方針も打ち出した。宏池会の「軽武装、経済重視」と相反しないのか。

2022年1月には、施政方針演説で「新時代リアリズム外交」を掲げ、自身の「現実主義」の宏池会における正統性を強調した。ロシアによるウクライナ侵攻翌日の国会では「したたかで徹底的な現実主義を貫く外交を進めなければならない」と語った。

岸田の「原点」とは何か。『岸田ビジョン』には、幼少期から政治家に至るまでの経緯についても、触れられている。

東京タワーが完成する前年の1957年、岸田は東京都渋谷区で生まれた。父・文武は通商産業省の官僚。祖父・正記《まさき》は広島選出の衆院議員。幼少期は東京で育ち、厳密な意味で「広島出身」ではない。

父の転勤で小学1年の時、米ニューヨークに移り住み、そこで、衝撃的な出来事を経験する。日本人に対する差別意識から、幼い岸田は白人の女の子から手をつなぐことを拒否されたのだ。

「動物園で手をつなぐことを拒否したあの一瞬の表情が記憶から拭《ぬぐ》えません。やや大仰に言えば、このことが、私が政治家を志した原点とも言えます」（同書132ページ）

岸田は、過去の差別表現が問題となった自民党衆院議員の杉田水脈を総務政務官に起用し、批判を受け、更迭した。さらに2月には性的少数者への差別発言をした荒井勝喜・首相秘書官を更迭した。世論の高まりを受け、岸田は性的少数者への理解を広げるための「LGBT理解増進法案」の国会提出に前向きな姿勢を示すと、一部文言を修正した上で、2023年の通常国会で成立した。

青春時代と総裁選の「苦い経験」

岸田は小学3年で帰国し、東京都千代田区立永田町小に編入した。麹町中を経て、開成高校へと進んだ。中学時代はテニス部、高校では野球部に所属した。

「私はショートかセカンドを守り、打順は一番か二番、時々六番。名門校のように野球部専用のグラウンドがあるわけではなく、（中略）試合のたびに酷《ひど》い目に遭いましたが、

三年間、野球に打ち込み、充実した高校生活でした」（同書134ページ）

エースや強打者ではないが、守備や小技でチームを支える選手だった様子がうかがえる。2023年3月のWBCで、岸田は始球式に登板し、独特のフォームを披露した。

「『なぜ俺の番号がないんだろう』東大文1（法学部）の合格発表の掲示板を見て、三年連続、三度そう思いました」（同書138ページ）

父の文武をはじめ、岸田の親族には東大卒が多かった。岸田は大学受験で迷わず東大の文科1類を受験したが、現役では不合格。東京・お茶の水の駿台予備校に通って浪人したが、またも不合格。結局2浪の末、早稲田大法学部に進んだ。

青春時代の苦い経験は自民党総裁選にも似る。18年に若手を中心に出馬を求める主戦論が出たが、安倍を前に勝機が見いだせず、立候補を断念。20年の総裁選には出馬したものの菅に大敗した。21年に三度目の正直で「合格」した。

すべてにおいて「状況対応型」

ある官邸幹部は、「首相はすべてにおいて状況対応型だ」と証言した。『岸田ビジョン』で岸田は理想を追い、挫折した経験から多くを学んだとしている。

２０００年11月。時の宏池会の会長・加藤紘一《こういち》が、森喜朗内閣の倒閣を画策し、失敗に終わった「加藤の乱」。当時43歳の岸田は石原伸晃や塩崎恭久《やすひさ》らとともに参加したが鎮圧され、これをきっかけに宏池会は分裂することになる。

「鎮圧の際は冷徹にそして老獪《ろうかい》に攻めつづけ、権力の行使とはこのようにするのか、と痛感させられた」（同書２２１ページ）

岸田は２０２１年10月の就任直後、周囲の想定より早く衆院解散・総選挙に打って出た。22年8月には内閣改造をおおかたの予想より大幅に前倒しし、旧統一教会問題からの局面打開を図った。岸田は時折、「勝負師」の一面をみせる。原点は、野党への転落経験だ。

「『野党に転落するのはあっという間』という厳しい現実と、『どうなるかわからないことを恐れない』という心の持ちようを得られたことは貴重であったと言えます。私は日々、選挙について考えるようになったのです」(同書184ページ)

岸田はいま、いつ「伝家の宝刀」である衆院解散・総選挙を行うのかを見極めている。衆院議員の任期満了直前に首相のバトンを受けた21年とは異なり、政治家生命にもかかわる大勝負と言える。岸田は何を考え、何を思うのか。

『岸田ビジョン』は次の一文で締めくくられている。

「政治家として勝負をかけたときは、絶対に負け戦をしてはダメだ——その思いが、いまも私の胸に刻まれています」(同書226ページ)

歴代の内閣総理大臣や自民党政権、政官関係に詳しい専門家は、首相としての岸田文雄や岸田官邸をどうみているのか。その強みと弱み、その歴史的な位置づけを聞いた。

第 8 章

識者はどうみる

御厨貴・東京大学名誉教授
「ノンシャラン（無頓着）な宰相」

みくりや・たかし　1951年生まれ。日本政治史が専門。有力政治家らの人生を聞き書きする「オーラル・ヒストリー」の先駆者。『権力の館を歩く』『天皇と政治』など著書多数。政府の東日本大震災復興構想会議議長代理も務めた。

岸田文雄の就任からの推移を通じて見えてきた、首相としての強みと弱みとは何か。自民党の歴史や歴代首相に詳しい御厨貴・東大名誉教授に聞いた。

＊

――首相としてはどんな特徴がありますか?

21世紀に入ってからの首相は、小泉純一郎氏をはじめ、大衆受けねらいのしたたかさのある人が多かった。安倍晋三氏もそうだし、民主党政権も野田佳彦氏を除けばそう。

でも、岸田氏はイデオロギーもない代わりに、そういうしたたかさもない。つまり座っているだけで首相というタイプだ。そのポストに就けば、首相にもなるし、外相にもなる。ある種の図太さがあり、それは地位によって変わらない。それが岸田氏だ。

――何か印象的な出来事はありますか？

私がＴＢＳの政治討論番組「時事放談」の司会を務めていた時、岸田氏に「宏池会はリベラル左派で、平和を重んじていたはずなのに、最近はずいぶん変わったのではないか」と聞いた。彼は非常にけげんそうな顔をして「変わってない。平和主義の理念は変わらないが、状況が変わったんだからしょうがない」と言う。

これが岸田氏らしい。彼は「自分が変わった」とは言わない。状況が変わったら当然やり方も変わるだろうと。一見、あっけに取られるが、その手法をメディアも野党も崩せていない。「違うでしょう」といくら言っても平気な人だから。それが岸田氏の強みだ。これは他の人には誰もまねできない。

「物足りない」が強み？

――「一国の首相」としてはどう評価しますか？

首相として見た場合は、やっぱり物足りない。何かにかける情熱が見えない。これだけ新型コロナにやられ、ウクライナが危機になり、世界も日本もすごく変わっているのに「この時代に政治はどう対応していけばいいのか」といった発想が見えない。

一方で、コロナでもウクライナでも広島で開く主要7カ国首脳会議（G7サミット）でも、利用できるものは徹底的に利用する。この精神はすごい。だから、あっという間に原子力政策をひっくり返す。「こういう時代だ」と。

そのスピードがすごい。状況追従主義は、ものを深く考えないから早く結論が出せる。そして、何を言われても動じない。あまり前途を心配しないタイプの岸田氏は、その点では生まれついての宰相なのかもしれない。

――岸田首相が何をしたいのかを取材すると「やりたいことではなく、やるべきことをやる」というスタイルが見えてきました。

政治は希望だ。「後処理内閣」のようなことを言ってはいけない。安倍氏が残した宿題を粛々とやっていればいいというのは、政治とは言わない。行政だ。

政治はある種の入れ込みがないとできない。特に今のように日本が右肩下がりになり、いよいよ少なくなっていくお金をどう使うかという話は、情熱がなければできない。

――岸田氏は歴代首相と比べると、どんなタイプですか?

昭和の宰相の誰かに似ているということはない。平成の首相と比べても、ここまでノンシャラン(無頓着)としている人はあまりいなかった。

自分に能力がないことを感じている首相はたくさんいた。海部俊樹《かいふとしき》氏も、宮沢喜一氏も党務は一切できないと思っていた。

能力がないことをはっきりわかっていれば、誰にお願いするか考える。海部氏の場合は党務を全部、小沢一郎氏に任せた。宮沢氏も、竹下派に党務を全部丸投げした。小泉氏だけはどう思っていたか知らないが、福田康夫氏にしても自分には足りないところがある、どうしたらいいか、と思っていた。

岸田氏は、海部氏や宮沢氏、福田氏に本当は近いはずだが、彼らと唯一違うのは、自分の足りぬところを深く考えない点だろう。どうしたらいいのか、と思っていない。やれると思っている。精神的に参ることがなく、やれることをやっていこうというプラス思考だ。逆に言うと、生まれついての首相という感じだ。

——首相としてどんな成果を出していますか？

本人も外交に強いと思っていて、外国首脳との会議に出ても動じないところはすごい。堂々としていて、各国首脳の間に入っていくタイプはなかなかいない。中曽根康弘、小泉純一郎、安倍晋三の各首相もそういうタイプだったが、個性も強かった。岸田氏は、あまり個性はないが、それを発揮できる。

物に動じない性格というのは、今のような危機の時代には、安心感を与える。「岸田氏はあまり面白くない人だけど、この人に任せておけばそう間違いはない」と思われているところが彼の強みだろう。

「安倍官邸以前」に戻った

——弱みは何ですか？

原発事故や戦争、対中関係などで何か大変なことがあった時、この政権は意外に弱いのではないか。大変なことがないことを前提に、今の状況だけで政治を考えているように見える。

――岸田官邸には、どんな特徴がありますか？

霞が関との関係では、外相の時もそうだったが、岸田氏は適宜官僚を使っていくタイプだ。安倍氏や菅義偉氏のように霞が関の中に手を突っ込むのではなく、それぞれの役所でうまくやってもらう手法だ。

おそらくは特定の官僚との間に強い感情を持たないのだろう。だから官僚も、今はほっとしていると思う。

要するに「安倍官邸以前」に戻った。官邸が相対的に強くなっていることは間違いないが、安倍氏のように、各省で優秀な官僚を個人的に官邸に連れてきて、徹底的に働かせ、各省とは対立をする。そういう発想は岸田氏にはない。やはり「宏池会」なので、官僚をうまく使い、官僚との関係を政治に生かしていくのが特徴だ。

優に近い「可」

――岸田官邸の評価をつけるとすれば？

「優」「可」「不可」で言えば、やはり「可」だろう。安倍氏によって強化された官邸の運営は、岸田氏のやり方では緩めざるを得ない。だから、「安心感」を与えるという点で、優に近い方の「可」だと思う。

では、このままでいいかといえば、なかなか難しい。安倍氏によって相当傷つけられた官邸を含めた官僚制が、傷を癒やして元のように戻すべきかというと違う。

――岸田氏のようなタイプがなぜ首相になれたのでしょうか?

自民党自体が変質している。「我こそは自民党総裁になって首相になる。そのためには他人と同じではいけない。自分なりの味を出さなければならない」という切磋《せっさ》琢磨《たくま》していた機能が、自民党からはもう消えているということだ。岸田氏のような人が首相になったということは、ある種の自民党の危機だ。

昭和、平成までの自民党ではあり得なかった。個性差があって当たり前という共通意識が、みんなにあった。

今はエネルギーをそんなに使わずに普通にやっていけるんだったらそれでいいと。安上がりで済むならそれでいいという感じがある。

ライバル不在の自民党

――岸田政権の内閣支持率が低位安定をしている要因は？

自民党内に岸田氏に対抗しうるライバルがいないことだ。自民党は21世紀に入ってから、総裁候補をたくさんは出せなかった。昭和の時はいっぱいいいた。これでは党内に競争力を生まない。

昔は競争があった。どうしてもこの首相が嫌だと暴れ回ったりする「活劇」があって、面白さもあったが、今はそういう人は誰もいない。自民党内は、議員みんなが平等化され、同じような感じの人ばかりになった。変わったやつがいない。

これは自民党の危機であり、岸田内閣あるいは岸田自民党の問題点の一つだと思う。低位安定しているところに、みんなが安心感を持っているのが実に不思議で、やはり野党を含めた国会の状況が大きい。

野党がどんどん分裂して与党は変わらない。今の国会状況は二大政党制どころか、一大政党と、後はもう政党といえるのかという感じの「文句付け集団」がいる。政権交代がない政治になってしまったことが、岸田氏が低位安定する最大の理由だ。

――この政権が長く続くことにどんな意味があるのでしょうか？

長期的に言えば、この国の危機を国民の目からそらしていることになる。昔に比べて、はるかに危険な状況になっているのに、それをノンシャランでいくのは、後に問題を延ばしているのと同じで、いずれ真剣に取り組まなければならない状況が来る。

先延ばしにしていることは、本当はよくない。でも、国民もまた、うっすらと嫌なことはもう少し先にして、今がよければいいという気持ちがある。その上に、岸田氏が乗っかっている。

本当は今の日本は「こう変わらなきゃいけない」と国民に言わなければならない。でもそれは、岸田政権にとっては自己矛盾であって、そういうものがないのが岸田政権だ。だから岸田政権が終わるまでは、そういう状況は変わらないと思う。

牧原出・東京大学先端科学技術研究センター教授

「柳」のような柔らかい構造

まきはら・いづる　1967年生まれ。東北大大学院教授などを経て2013年4月から現職。専門は、行政学、政治家から聞き取る「オーラル・ヒストリー」を活用した政治学。著書に『「安倍一強」の謎』『内閣政治と「大蔵省支配」』など。

岸田政権は歴代政権と比べ、政権運営の手法や手順では、どんな特徴があるのか。首相官邸と官僚との関係や、政治主導のあり方はどのように変わったのか。政治学、行政学が専門の牧原出・東大先端科学技術研究センター教授に聞いた。

＊

――岸田首相、岸田政権の特徴は何ですか。

一言で言うと、柳のような柔構造、柔らかい構造だ。柳のように風に揺れながら折れることなく、風を受け止めていくのが持ち味ではないか。政権を奪取して、自分が引っ張っていくというタイプではない。

安倍晋三・元首相は敵と味方を分けて、敵を挑発することで味方を鼓舞するような政治手法だった。岸田首相は無理に敵をつくらず、刺激もしない。コロナ禍が長く続いて疲れている国民には、「戦う政治家」よりも受け入れられているのかもしれない。

――就任当初は「聞く力」を前面に出していましたが、最近は決断力を強調しているように見えます。

確かに決断力をアピールしているように見えるが、流れの中で他に選択の余地がないものを選んでいるに過ぎない。

例えば、防衛力強化のための安全保障関連3文書の改定は安倍政権時代から準備が進んでいたはずだし、原発政策の転換もウクライナ危機で原油や天然ガスが値上がりして、他に選択肢がないという一面がある。話題になった「異次元の少子化対策」というフレーズも、安倍政権時代の「異次元の金融緩和」から来ている。

佐藤栄作政権に似ている

――「資産所得倍増プラン」や「デジタル田園都市国家構想」のように、池田勇人政権や大平正芳政権の政策を意識したフレーズも多いですね。

1960年代から70年代にかけて長期政権を築いた佐藤栄作政権に似ている。沖縄返還が有名だが、発足時は池田勇人前政権の積み残した課題を矢継ぎ早に処理していた。受け身の姿勢は通ずるところがある。大野伴睦《ばんぼく》や河野一郎といった党内の大物が死去し、ライバルがいなかった点も似ている。

――佐藤政権のように、長期政権の可能性はありますか？

物価高対策や、旧統一教会問題を受けた救済新法など、世の中の不満を抑えたり、そらしたりしているが、本来必要なのは、安倍政権の積み残した課題をやるだけではなく、安倍政権と違う段階に入っていくことだ。

今は、目の前の課題をうまくこなしているが、大きな危機が迫ったときの対応力は未知数だ。東アジアでの有事、南海トラフ地震級の自然災害、世界規模の金融危機が起きたとき、本当の力が問われる。

――安倍政権では側近の「官邸官僚」が政策を強力に推し進めてきました。岸田政権の官邸と官僚の関係はどう変わりましたか。

安倍政権や菅政権と比べると、官邸主導で省庁にあれこれ指示して進める政策は少ないと思う。かといって、官僚が政策をどんどん打ち出していくかというと、そうはなっていない。

官僚が自ら考えることを忘れてしまっている

――なぜでしょうか。

旧民主党政権から安倍政権、菅政権に至るまで、官邸主導で官僚の頭を押さえつけるような時代が続いたことで、官僚側が自ら考え、政策の弾を込めていくというやり方を忘れてしまっているように思える。

また、官邸が省庁幹部の人事権を掌握しているから、官僚が官邸を飛び越えた政策を打ち出して、にらまれるのは怖い。なので、様子見をしているのかもしれない。

――政治主導の政策決定がうまく機能していないのは、どこに問題があるのでしょうか。

例えば、小泉純一郎政権時代では、経済財政諮問会議に参加する閣僚は、官僚がつくったペーパーを一切読まず、自分の言葉で話すよう求められた。そうなると、閣僚は自分で勉強し、自ら方向性を考えなければならないし、閣僚が勉強すると、官僚との間に議論が生まれる。

各省庁の閣僚が創意工夫して政策を打ち出す中で、内閣としての方向性を示すのが本来の政治主導だが、官僚をしっかりと引っ張って議論を主導できる閣僚は多くない。官僚が書いたペーパーをそのまま読み上げるような閣僚が多いのが問題だ。

――閣僚の力量が問われるということですね。

小泉政権では政治主導を進めるため、閣僚に民間人も登用した。安倍政権は閣僚を議員で固めたが、政権が掲げる高いレベルでの政治主導を実現するには議員の力量では足りず、結果として「官邸官僚」が政策を主導した。

岸田政権ではそれほど強力な政治主導を打ち出してはいないが、今後、大きな危機が訪れるなどして、政治主導が求められるようになったときには対応ができない。今からでも閣僚が創意工夫できるように準備を進めていくことが必要だ。

中北浩爾・中央大学教授

消極的な支持に支えられる「脱力系」

なかきた・こうじ　1968年生まれ。一橋大学大学院教授などを経て2023年4月から現職。専門は日本政治史、現代日本政治論。著書に『自民党』『自公政権とは何か』『日本共産党』など。

1990年代の政治改革を経て、首相官邸主導が強まった。岸田政権もそうした歴史の延長線上にあるが、歴代の自民党政権や首相と比べ、どんな違いや特徴があるのか。現代日本政治や自民党に詳しい中北浩爾・中央大教授に聞いた。

＊

――岸田文雄首相は、首相としてどんな特徴がありますか。

岸田氏は自らが率いる宏池会（岸田派）の特質について、「リベラル」ではなく「リアリズム（現実主義）」と強調する。状況にきちんと対応していこうという発想が強い。

宏池会を創設した池田勇人首相（在任期間1960～64年）は本来、政権が掲げた「低姿勢」や「寛容と忍耐」とは全く違う人物だった。安保闘争という現実に直面し、それらを招いた岸信介内閣からの「チェンジ・オブ・ペース」を側近が中心となって意図的に演出した。

「宏池会＝リベラル」の図式は、池田政権の統治スタイルが次第に理念化されてできたイメージであり、岸田氏が宏池会をリアリストと規定することは間違っていない。ただ、あえて既存のイメージを変えようとしているのは、岸田氏らしさだろう。

――リアリストとして、岸田氏は何をやりたいのでしょうか。

安倍晋三氏の場合、憲法改正などやりたいことが明確にあり、それを実現するためには、何をどういう順番でやるべきかを常に考えていた。岸田氏は結局のところ、自分には「やりたいことがない」のではないか。現実に浮上してきた政治課題や下から上がってくる案件の中で、自分たちが取り組むべきことを取捨選択するのが岸田氏の政治手法であり、その範囲での決断でも、着実に行うことが重要だと考えているように見える。

——そんなスタイルに、首相自身が自信を持っているように感じます。

安倍氏は、明確な理念を掲げることで政権に求心力があったし、特定の支持層にアピールする力強さがあった。

目の前の具体的な課題をこなしていく政治スタイルは、菅義偉氏も近かった。ただ、菅氏は、携帯電話料金の引き下げなど自ら意識的に課題を発見し、官僚が固執する既存のルールや既得権などに切り込み、改革を推し進めていった。その決断には、能動的な性格が強かった。

岸田氏の統治スタイルには、安倍氏や菅氏のような友敵関係に基づく政治的ダイナミズムが欠如している。受動的なリーダーシップの下では、摩擦が生じにくい反面、強固な権力核も生まれない。実際、岸田氏には、心服する側近が少なく、官邸チームの結束力も緩い。

「抑制的に権限行使」という強み

――岸田政権に強みがあるとすればどこですか。

野党から批判を招きにくいことに加え、霞が関の官僚や自民党から不満が出にくく、味方に後ろから刺されるような危険性が少ないことではないか。

党のことは基本的に麻生太郎・副総裁や茂木敏充・幹事長ら幹部に任せている。また、省庁に対しても、幹部官僚人事を抑制的に行うなど、あまり手を突っ込まない。そもそも首相官邸自体、事務次官経験者を中枢ポストに充て、将来、出身省庁に戻って出世するであろう秘書官を中心に回している。

それでも、受動的であれ、首相が決めているとしたら、制度改革の結果、官邸主導になった効果が表れているといえるかもしれない。

――どういうことですか。

安倍氏や菅氏の場合、幹部官僚人事に見られるように、強化された首相官邸の権限を能動的に使い、「忖度」といった弊害もみられたが、岸田氏の場合、抑制的に権限を行使している。それでも制度改革の結果、首相官邸にハイパワーのエンジンが備わったので、そここそこ加速が出る。あまり調整をしなくても、首相が決断すれば、それで回る状態になっている。その一方で、官邸が爆走しないので、党も満足し、官僚も安堵《あんど》している。派手さはないけれども、この手の政権の方が意外と長続きするかもしれない。

――逆に弱みはどこにありますか。

危機管理ができるのか。自民党内を見ると、岸田氏は党幹部とそれぞれ個別に相談しており、きれいに足並みがそろっている感じはしない。また、官邸も重要事案については岸田首相、木原誠二・官房副長官、嶋田隆・首席秘書官の3人で決めると言われ、官房長官―官房副長官のラインが弱い。調整が十分でないまま、今はどうにか回っている感じがしても、例えば東日本大震災のような極度の危機的状況が生まれた場合、強力な司令塔の下、一体として対応できるか不安が残る。

――そんな岸田政権のどこに注目していますか。

現状の霞が関や自民党内の空気感として、岸田内閣が長期政権化することを織り込み始めたようにみえる。もし岸田政権が長期化すれば、新たな統治モデルができるということで、分析に値する。

かつての55年体制と同じく、既存の自民党や霞が関の秩序を尊重しつつも、一連の政治改革によって導入された官邸主導の制度の下、岸田氏が最終的に決断する形で回る政権のスタイルだ。官邸自体のチーム力は強固とはいえないが、岸田氏が持ち前の胆力、悪く言えば鈍感力によってどっしり構えているところに、ある種の安定性がある。

――安倍政権に比べれば政治的推進力が弱い岸田政権はこのまま低位安定で行くのでしょうか。それとも、どこかで行き詰まるのでしょうか。

重要な論点だ。郵政民営化を掲げた小泉純一郎政権、憲法改正を悲願とした第2次安倍政権といった長期政権をみる限り、政治改革を経た後、明確な「旗」がない政権は短命に終わらざるを得ないと思ってきた。政権が長期化するには、幾度となく直面する厳しい局面を乗り越えることが不可欠であり、そのためには政権の求心力を保つ「旗」が必要だという理由からだ。

しかし、もし岸田政権が長く続くとしたら、果たしてそうした「旗」は本当に必要なのか、という疑問が高まるかもしれない。

ただ、強い求心力がないまま低位安定が可能になっているのは、野党の足並みがそろわず、政権交代の可能性が著しく低いことと、自民党内で岸田氏に挑もうとする有力者がおらず、疑似政権交代の可能性も高くないことが大きい。そうした全体状況によって、岸田政権は救われているだけかもしれない。

「二番・セカンド」のような政権スタイル

――現時点で岸田政権をどう評価すべきでしょうか。

結局のところ、岸田政権は何をやりたいのか分からない政権で、国民の間に熱狂的な支持はない。その裏返しとして、あまり憎悪を感じられてもいない。例えば原発の建て替えや運転延長、防衛費の増額を決めても、あまり岸田氏が批判の対象にはなっていない。激しい批判の対象になりそうになれば、方針転換することもいとわない。

他方、少子化対策など国民が必要だと思う政策はそれなりにやろうとしている。積極的な支持ではなく、「まあ悪くないかな」という消極的な支持によって支えられているのではないか。

岸田政権が脱力系だとしても、政権としての物足りなさが、かえって誰からも突き上げられない状況を作っている可能性がある。それで政権が続くとしたら、野球で言えば、派手なホームランを打つバッターではないが、ヒットを積み重ねる「二番・セカンド」のような感じで、それはそれで一つの政権のスタイルかもしれない。

第3部

真価

G7サミットが2023年５月19～21日、広島で開かれた。ロシアによるウクライナ侵攻、核なき世界……。数々の難題にどう挑むのか。岸田文雄の手腕が試された。

終　章

G ７広島サミット

水面下の交渉

雨が降っていた。

2023年5月19日午前10時28分、広島平和記念公園。最初の首脳である欧州連合（EU）欧州委員長のフォンデアライエンが到着した。岸田文雄と妻の裕子《ゆうこ》が出迎え、原爆ドームを背景に記念撮影し、広島平和記念資料館（原爆資料館）の東館へと促した。その後、各国首脳が次々に姿をみせた。

最後に到着したのは米大統領バイデン夫妻だった。現職の米大統領が資料館を訪れるのは、2016年5月のオバマ以来2人目。岸田はバイデンと握手を交わすと、お互いの妻を含む4人で記念写真に納まった。バイデンの妻ジルは、折り鶴のブローチを着けていた。4人はそろって東館へ向かった。G7首脳がそろって資料館を訪れるのは初めてだった。

「『被爆の実相』を見て頂きたい」

資料館の周りは外から内部が見えないように囲われていた。首脳らは2016年にオバマ氏が来館した際に持参した、自作の折り鶴を見たり、広島市長の松井一実《かずみ》から多くの子どもたちが原爆で親を失い、孤児になったとの説明を聞いたりした。

バイデンが入ると、岸田は首脳らに英語でお礼を述べた。「これから展示物を見てもらいます。献花をして植樹までします」。視察の流れを説明すると、「それでは行きましょう」と声をかけ、首脳らをエスカレーターへ案内した。

到着したのは東館3階だった。資料館は東館と本館の2棟からなる。普段、東館3階にあるのは、被爆前後の市街地の様子を投影でみる展示などだ。被爆の惨禍を伝える遺品や被爆者の写真などは、渡り廊下を渡った先の本館にある。

時間の制約で、この日の視察は東館だけとなった。その代わりに、本館の展示物の一部が東館に運び込まれていた。

米国のバイデン大統領（左端）と握手する岸田文雄首相。左から２人目は同大統領の妻のジルさん。右端は岸田首相の妻の裕子さん

岸田は切り出した。

「『被爆の実相』を見て頂きたい」

一つひとつの展示について、日本語で岸田が説明していく。

茶色く焼けてゆがんだ三輪車。ちぎれた学生服――。首脳らは展示物に見入った。

被爆者の小倉桂子《けいこ》さん（85）も英語で、12歳で亡くなった佐々木禎子《さだこ》さんの折り鶴の話を語った。禎子さんは、鶴を千羽折ると願いがかなうと信じて、病床で1300羽以上を折り続けた。小倉さんに質問する首脳もいた。

最後は、首脳らが自由に展示を見る時間だった。誰一人言葉を発することはなかった。展示に見入る顔は険しかった。場内にいた一人は「本当に厳粛な空気だった」と振り返った。首脳の一人は「ここに来ることができて本当に良かった」と口にした。

難航を極めた米国との交渉

米国は核使用を正当化しており、G7は核抑止で結束する。視察に至るまでの水面下での交渉は、難航を極めた。

岸田は「核軍縮に向けたあらゆる取り組みの原点」だと、首脳に被爆の実相を知ってもらうことに強くこだわった。

２０２２年8月、核不拡散条約（ＮＰＴ）再検討会議で核軍縮・不拡散に向けた行動計画「ヒロシマ・アクション・プラン」を発表。各国の指導者らに被爆の実相を知ってもらうことを柱の一つに盛り込んでいた。

Ｇ7のうち米国、英国、フランスは核保有国で、米国は広島に原爆を投下した当事者だ。原爆の残虐性を伝える多くの展示を目の当たりにすれば、「核のボタン」を押す権限をもつ為政者の判断に影響する。そんな懸念を核保有国は抱いていたとの見方も日本政府内にはあった。

特に米国では、原爆投下によって戦争終結が早まったと正当化する主張が根強く、「大統領選が来年に迫るなか、資料館訪問を政権攻撃の材料にしたい勢力もある」（日本外務省幹部）という。

実際、視察の内容に最後まで慎重だったのは米国だった。２０１６年にオバマ氏が訪問した際は、東館1階に運んだ展示品を約10分間見ただけだった。当時、首相の安倍晋三と共に同行し、説明役を担ったのが外相だった岸田。米国側は当初、この訪問を「ベース」としていた。

岸田は官邸で何度も会議を開いた。外務省幹部らから各国との調整状況の報告を聞き、「まだ足りない。もっとできないか」と繰り返した。

米国は、理由の説明もないまま、「この展示は見るが、あの展示は見られない」と直前まで変更を求めた。報告を聞いた岸田が「G7でそろって見るのに、バイデン氏だけ別でいいのか」と迫ることもあった。

各国首脳のメッセージ

展示の視察を終えた首脳らは、折り鶴が置かれた机で芳名録に以下の通り記帳した。

岸田「歴史に残るG7サミットの機会に議長として各国首脳と共に『核兵器のない世界』をめざすためにここに集う」

マクロン仏大統領「感情と共感の念をもって広島で犠牲となった方々を追悼する責務に貢献し、平和のために行動することだけが、私たちに課せられた使命です」

バイデン米大統領「この資料館で語られる物語が、平和な未来を築くことへの私たち全員の義務を思い出させてくれますように。世界から核兵器を最終的に、そして、永久になくせる日に向けて、共に進んでいきましょう。信念を貫きましょう!」

トルドー・カナダ首相「多数の犠牲になった命、被爆者の声にならない悲嘆、広島と長崎の人々の計り知れない苦悩に、カナダは厳粛なる弔慰と敬意を表します。貴方の体験は我々の心に永遠に刻まれることでしょう」

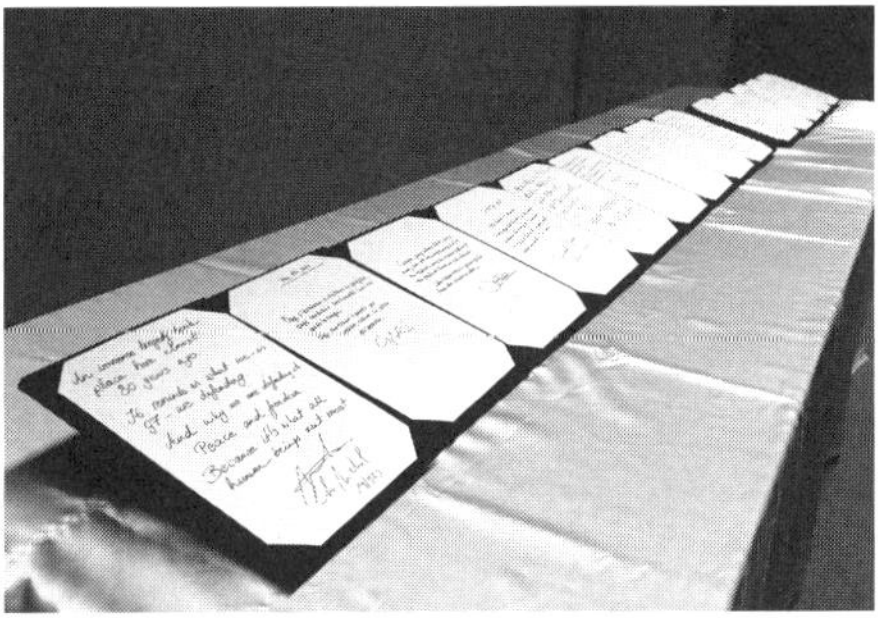
各国の首脳やそのパートナーたちが記した芳名録

ショルツ独首相「この場所は、想像を絶する苦しみを思い起こさせる。私たちは今日ここでパートナーたちとともに、この上なく強い決意で平和と自由を守っていくとの約束を新たにする。核の戦争は決して再び繰り返されてはならない」

メローニ伊首相「本日、少し立ち止まり、祈りを捧げましょう。本日、闇が凌駕《りょうが》するものは何もないということを覚えておきましょう。本日、過去を思い起こして、希望に満ちた未来を共に描きましょう」

スナク英首相「シェイクスピアは、『悲しみを言葉に出せ』と説いている。しかし、原爆の閃光《せんこう》に照らされ、言葉は通じない。広島と長崎の人々の恐怖と苦しみは、どんな言葉を用いても言い表すことができない。しかし、私たちが、心と魂を込めて言えることは、繰り返さないということだ」

ミシェル欧州理事会議長「80年近く前、この地は大いなる悲劇に見舞われました。このことは、われわれG7が実際何を守ろうとしているのか、なぜそれを守りたいのか、改めて思い起こさせます。それは、平和と自由。なぜならば、それらは人類が最も渇望するものだからです」

フォンデアライエン欧州委員長「広島で起きたことは、今なお人類を苦しめています。これは戦争がもたらす重い代償と、平和を守り堅持するというわれわれの終わりなき義務をはっきりと思い起こさせるものです」

道半ばの「広島ビジョン」

正午ちょうど、首脳らは視察を終えて、資料館東館から出た。雨はやんでいた。

岸田とバイデンが入館してから約40分が経過していた。

「内容はオバマ氏の時以上になった。時間は4倍だ」。視察後、岸田は周囲にこう語った。

G7首脳は資料館を出ると広島市長の松井の先導で原爆死没者慰霊碑に向かった。岸田はバイデンと並び歩いた。バイデンは時折、右手で岸田の肩に触れた。

9人の首脳は慰霊碑に向き合った。広島の中高生から花輪を受け取り、そろって献花。数秒間黙禱《もくとう》した。仏大統領のマクロンが隣の岸田に声をかけ、握手を交わした。9人は慰霊碑と原爆ドームを背に記念撮影をした。

慰霊碑には、当時33万3907人の死没者の名簿が納められ、「安らかに眠って下さい過ちは繰返しませぬから」と碑文が刻まれている。慰霊碑の意味について松井が通訳を介して説明。首脳らは原爆ドームを望む場所に移り、再び説明を受けた。

G7首脳が平和記念公園に植樹したソメイヨシノ

その後、首脳らは公園内で記念植樹をした。「被爆桜」と呼ばれる、惨禍を生き延びたソメイヨシノから接ぎ木した、1本の細い苗木だ。スコップで1人ずつ土をかけた。

午後0時17分、終了。G7首脳の平和記念公園での行事は約56分間だった。

その日の午後7時、広島・宮島の旅

館で、食事を取りながら討議するワーキングディナーが始まった。テーマの一つは核軍縮・不拡散だった。「資料館で心が動かされた」「連れてきてくれてありがとう」。複数の首脳が資料館視察に言及した。首脳らは「核軍縮に関するＧ７首脳広島ビジョン」をとりまとめた。

「広島ビジョン」は「核兵器のない世界の実現に向けた我々のコミットメントを再確認する」と記した。しかし、具体的な道のりは示しておらず、発効済みの核兵器禁止条約にも全く触れなかった。その一方で、核抑止政策を正当化する内容も盛り込まれ、批判も少なくない。

その夜、岸田は記者団に「Ｇ７首脳とともに被爆の実相に触れ、これを粛然と胸に刻む時を共有した。『核兵器のない世界』への決意を世界に示す観点からも、歴史的なことだ」と語った。

資料館訪問の終了後、広島県知事の湯《ゆ》崎《ざき》英彦《ひでひこ》は記者会見で、こう要望した。「この体験をしっかりと踏まえて、平和になるように、また核兵器廃絶に向けて世界が進むように（サミットで）議論していただきたい」

ゼレンスキー劇場

G7サミットが終わった21日夕、広島平和記念公園にある国際会議場の一室で岸田文雄がウクライナ大統領のゼレンスキーを待っていた。姿を現すと握手を交わし、こう語った。

「戦時下の困難な状況の中、遠路、広島までお越しいただいたこと。G7広島サミットに参加いただだいたこと。心から感謝し、そして歓迎を申し上げたい」

ゼレンスキーが口を開いた。「対面で参加することができて、大変うれしい。今回のサミットで、これだけウクライナに注目をいただだいたこと。一生忘れることはない」と応じた。

ゼレンスキーが対面でサミットへの参加を希望している――。ウクライナの意向が外交ルートを通じて伝えられたのは、大型連休前の4月下旬だった。

もともと、3月21日に岸田はウクライナを電撃訪問し、ゼレンスキーと会談した際、サミットにオンラインで参加するよう要請、了承を得ていた。サミットの準備は、オンライ

関係者が見守る中、空港に到着したゼレンスキー大統領

ン参加を前提に進んでいた。

極秘のミッション

直後の首相官邸。外務省幹部はゼレンスキーの意向を岸田に伝え、警備の強化や他の参加国との調整など課題を列挙。サミットがゼレンスキー一色になりかねないという懸念も伝えた。

「詰めるべき論点がたくさんあるな」。そう漏らした岸田だったが、ゼレンスキーが現状を打破するため、他国との外交に力を入れ出したと聞いていた。来ないでくれとは言えない――。そんな思いから「リスクは私が引き受ける」と伝え、日本までの移動手段を含め、調整を始めるよう指示した。

大型連休中、岸田はアフリカ4カ国とシンガポールを歴訪し、さらに韓国も訪れた。岸田が不在のなかも調整が進められた。戦時下の首脳の来日は危険と隣り合わせ。「漏れたら終わり」。極秘のミッションに関わるメンバーは、そんな緊張感に包まれていた。

その調整で最も重要な課題の一つが、他の参加国の理解を得ることだった。G7以外の招待国には「グローバルサウス」と呼ばれる新興国・途上国が含まれる。その代表的な存在であるインドやブラジルなどはロシアとの関係が深い。

「ゼレンスキー氏の参加に怒る国が出れば、サミットは『連携』ではなく『分断』を見せるだけになるかもしれない」(官邸幹部)。そんな懸念があった。サミットの結果によっては関係国の足並みが乱れ、戦況にも影響を与えかねないとの見方もあった。

誰も否定できない「原理原則」を

分裂を避けるためにはどうすればいいか。見いだしたのが「原理原則」だった。

「世界のどこであれ、力による一方的な現状変更の試みは認められない」「法の支配に基づく自由で開かれた国際秩序を守り抜いていく」

誰も否定できない「原理原則」を説けば、理解が得られると踏んだ。政府は招待する8カ国すべてにゼレンスキーの対面参加について説明。理解が得られたのが開幕の10日ほど前だった。

「国内で開催した歴代のサミットのなかでも、歴史的なものになる」。岸田が外務省を訪れた10日夕、サミット事務局をこう激励した。岸田はゼレンスキーの訪日決定を胸に秘めて、さらに続けた。「この先、振り返ったときに自分が関われたことを誇りに思えるものにする」

ゼレンスキーの対面参加は決まったものの、安全確保のための調整は直前まで続き、保秘も徹底された。加えてもう一つの懸念があった。「ゼレンスキー氏にサミットをジャックされかねない」（官邸幹部）

今回のサミットはウクライナとともに、「核兵器のない世界」も重要なテーマだった。G7首脳による広島平和記念資料館への訪問や、核軍縮に関する首脳声明がかすんでしまう懸念があった。

ゼレンスキーは、サミット初日の19日の討議にオンライン参加する予定が明らかになっていた。政府はその前日夜、「ウクライナ側の事情」によって、日程変更を急きょ公表。19日のウクライナに関するセッションはG7首脳のみで行うとし、21日午前に、ゼレンスキーが「オンライン参加する形で、G7首脳とのセッションを新たに設ける」という内容だった。

政府関係者によれば、最終日の21日であれば、サミットの主要日程も終わっており、ゼレンスキー来日に注目が集まっても影響は小さいとの判断だったという。

ただ、19日、外国メディアの一部が「ゼレンスキー氏訪日」を報じた。一気に関心が高まったものの、政府関係者は取材に「オンラインで変わりない」と口をそろえた。外務省などの関係幹部らには取材に対する「応答要領」が配られ、「オンライン参加」と答えるよう指示されていた。

岸田自身も19日夜、記者団からゼレンスキーの来日を問われた。ウクライナ政府が国家安全保障国防会議ウェブページでゼレンスキーがオンラインでサミットに参加することを発表していると説明。「付け加えることはない」と述べた。

こうした中、サミットの成果を埋もれさせない措置も講じられた。サミットの議論を総括する首脳コミュニケ（声明）は通常、最終日に公表される。今回の最終日は21日だったが、20日に前倒しして公表された。ただ、準備が追いつかず日本語訳は1日遅れとなった。

「ウクライナと核軍縮は別のようで一緒だ」

そうして迎えた21日、G7と招待国の首脳にゼレンスキーを加えた最後の討議が正午から始まった。発言を希望した首脳すべてが意見を述べ、予定時間が過ぎても議論は続いた。

「これらの部分では認識の一致がありました」。とりまとめ役の岸田が打ち出したのは、やはり「原理原則」だった。

「全ての国が、主権、領土一体性の尊重といった国連憲章の原則を守るべきこと」

「対立は対話によって平和的に解決することが必要であり、国際法や国連憲章の原則に基づく公正で恒久的な平和を支持するということ」

「世界のどこであっても、力による一方的な現状変更の試みを許してはならないこと」

「法の支配に基づく自由で開かれた国際秩序を守り抜くこと」

原則論を示すことで反論を抑え、合意を作り出した。

「ロシアに近い国も入るなか、この内容で合意できたことは、ロシアや中国に対して大きなメッセージになる」。岸田は周囲に「大きな成果だ」と誇った。

一連のサミット日程の最後に行われたゼレンスキーとの会談で、岸田は自衛隊車両100台の提供など追加支援策を打ち出し、「G7がこれまで以上に結束し、あらゆる側面からウクライナを力強く支援し、厳しい対ロ制裁を継続していく」と伝えた。

そして、岸田は「ウクライナと核軍縮は別のようで一緒だ」と周囲に語る。

旧ソ連の一部だったウクライナには冷戦時代、核兵器が配備されていた。だが、ソ連崩壊後の1994年、ウクライナは核兵器を放棄した。「核兵器を放棄した国に核の威嚇をする国が侵略している。もしロシアが実利を得れば、核軍縮の文脈において最悪のメッセージになる。それは避けなければいけない」

「歴史的」になったか？

2023年5月21日、G7サミットを締めくくる岸田の記者会見は、広島市の平和記念公園で行われた。被爆地で開くサミットで、「核兵器のない世界」に向け、実効性ある成果を出せるか。これが焦点だった。

記者会見で岸田は原爆ドームを背に、正面に平和記念資料館（原爆資料館）を見ながら、切り出した。「ここ広島の地でサミットを開催した私の思いを述べさせていただきます」

1945年夏、原爆が落とされ、一瞬で焦土と化した。人々の努力で再建され、平和都市に生まれ変わった――。「平和と繁栄を守り抜く決意を世界に示す。それが本年のG7議長国である日本に課された使命だ。その決意を発信する上で、平和の誓いを象徴する広島の地ほどふさわしい場所はない」

特に強調したのが、サミットでの「核兵器のない世界」に向けた議論だった。19日には「核軍縮に関するG7首脳広島ビジョン」を発表し、参加した首脳全員が原爆資料館を訪問。岸田は「被爆の実相や平和を願う人々の思いに直接触れたG7首脳が、このような声明を発出することに歴史的な意義を感じる」と振り返った。

「夢想と理想は違う。理想には手が届く」

だが、ウクライナを侵攻するロシアは核の使用を示唆。北朝鮮は核・ミサイル開発を続け、中国も核戦力を増大させる。

核の脅威という現実を前に、岸田はサミット開幕前日の5月18日、米大統領のバイデンとの会談で、核を含む米国の能力の日本の防衛に対する関与をうたい、米国の「拡大抑止」に関する議論の強化の重要性を確認した。

「核なき世界」を呼びかける日本は米国の「核の傘」に守られている。こうした指摘を受けるたび、岸田は周囲に「それでも現実を理想にどう近づけるのかが大事だ。理想を追求していくのが政治だ」と、感情をあらわにして語った。会見でも「夢想と理想は違う。理想には手が届く」と訴えた。

理想にどう近づけるのか。岸田は会見で、「我々首脳は二つの責任を負っている」と語った。「一つは現下の厳しい安全保障環境のもと、国民の安全を守り抜くという厳然たる責任だ。同時に、核兵器のない世界という理想を見失うことなく、それを追い求め続けるという崇高な責任だ」。では、「二つの責任」をどう果たすのか。

岸田は自ら提唱する、核戦力の透明性向上など5項目からなる行動計画「ヒロシマ・アクション・プラン」を挙げ、「これを一つひとつ実行していくことが現実的な取り組みとして重要だ」と説明してみせた。

とはいえ、プランが言及する包括的核実験禁止条約（CTBT）は、米国などが批准しておらず発効できていない。核兵器用核分裂性物質生産禁止条約（FMCT）も、国連総会で決議されて30年たつが、協議は始まっていない。岸田の前には厳しい現実が立ちはだかっている。

岸田が主導したG7の広島開催が「歴史的」だったかどうかは、核軍縮・不拡散がどう進展するかによって示される。

エピローグ

「今国会での解散は考えておりません」

２０２３年6月15日夕、首相官邸のエントランスホール。記者団の前に自ら進んで立った岸田文雄は、衆院解散・総選挙について問われ、こう答え、うっすら笑みを浮かべた。考えていない――。この言葉とは裏腹に解散に向けた環境は整いつつあった。

5月に広島でＧ７サミットを開き、Ｇ７首脳らとともに原爆資料館を訪問した。ウクライナ大統領のゼレンスキーの電撃参加も実現。朝日新聞が5月27～28日に実施した全国世論調査では、内閣支持率は46％。前回4月の調査から8ポイント上昇した。

２０２３年の年頭に掲げた「異次元の少子化対策」をめぐっては、6月13日に「こども未来戦略方針」として自ら記者会見を開いて発表。児童手当の拡充などを打ち出した。

なにより、岸田自身が２０２４年9月の自民党総裁選での再選を見据え、解散を模索していた。6月13日の会見では、解散について「会期末間近になっていろいろな動きがあることが見込まれる。情勢をよく見極めたい」と発言。解散に含みを持たせ、「解散風」を吹かせた。

岸田はなぜ解散をちらつかせたのか。

政府は防衛費増額の財源を裏付ける財源確保法（財確法）案を、後半国会の「最重要法案」と位置づけていた。これに対し、立憲民主党は後半国会最大の「対決法案」とし、内閣不信任決議案の衆院への提出を検討していた。提出すれば、すべての審議がストップし、法案の成立に対抗できる。岸田が吹かせた「解散風」はこの動きを牽制するためだった。

一方、岸田が「解散風」を吹かせれば吹かせるほど、「解散の大義」は何かという疑問が噴出した。

2021年10月の解散は任期満了が間近に迫る中での解散だったため、岸田は「未来選択選挙」と自ら名付けたものの、その大義を問われることはなかった。

今回は違う。衆院議員全員の首を切る解散には国民の理解を得るために大義が欠かせない。「郵政解散」「アベノミクス解散」「国難突破解散」……。時の首相はみな、自分の政治的推進力を得るために、大義を打ち出し、国民の理解を得ようとした。

岸田が今回、解散に打って出るとして、その大義は何か。自民党幹部らは不信任案の提出が解散の「大義」になると解散風をあおったが、与党が衆院で圧倒的な多数を占めている以上、粛々と否決すればいい。その説明には無理があった。「異次元の少子化対策」や「防衛費増」で信を問うために解散すべきだという目立った意見もない。結局、岸田は何をしたいのかが問われることになった。

解散には自民党の執行部内でも異論が出た。

岸田は6月13日、副総裁の麻生太郎と幹事長の茂木敏充と党本部で会った。解散するかどうか語らない岸田に、麻生は衆院議員の任期がまだ折り返しにも及んでいないことから、「時期尚早」として否定的な考えを伝えたという。首相周辺は解散見送りの背景に「首相は解散もありと考えていたが、今はしないほうが良いという人がいた」と、麻生らの慎重論が影響したとの見方を示した。

次期衆院選に向け、公明党と東京都内の候補者調整も難航していた。衆院小選挙区の「10増10減」に伴い、公明は東京28区での擁立をめざしたが、自民は受け入れず交渉が決裂。公明は「自公の信頼関係は地に落ちた」（幹事長・石井啓一）とし、東京における選挙協力の解消を表明した。

選挙協力をめぐる自公間の摩擦に、自民内では「東京の出来事が全国に波及しないと考える方が不自然だ」との懸念が広がった。公明党代表の山口那津男も「選挙協力がなくて、自民党が自力で過半数に届くかどうかわからない」と揺さぶった。

岸田の長男で政務秘書官を務めていた翔太郎が22年末に親族を首相公邸に招き、「忘年会」に興じる様子も発覚。批判が続出し、岸田は翔太郎を更迭せざるを得なくなった。

さらに政権を揺さぶる事態が起きた。マイナンバーをめぐり、情報登録の誤りが相次いで発覚。「推進一辺倒」の強引さが問題を大きくし、不安や不信を社会に広げ、最終的に政府は「総点検」に追い込まれた。

サミットの効果はかき消され、内閣支持率は再び下落に転じた。にもかかわらず、当の岸田は高揚感に浸っていた。

6月16日午前の参院本会議で財確法などが成立。会期を延長せずに重要法案がすべて成立し、岸田からすれば順風満帆な国会運営になったためだ。「解散権という『首相だけの特権』を、目いっぱい使わせてもらった」。岸田は周囲にこう語った。

実際、「解散風」を吹かせることで、法案の成立を遅らせようとする野党の動きを止めた。立憲民主党の中堅議員は「首相の完全勝利だ」と悔しがった。

岸田は解散風を吹かせて野党を牽制することには成功したが、「何をしたいのかわからない」という自身が抱える根本的な問題が解決されたわけではない。単に、解散という「伝家の宝刀」を振り回し、慌てふためく周囲を眺めながら自身のもつ権力の大きさに満足しているに過ぎない。

今回の岸田の政治手法には否定的な意見が与党内にも多い。自民の閣僚経験者は「国会運営の手法としてあまり良くない」という。衆院議員の資格をすべて奪うという重い判断となる解散権を乱用して、野党を牽制したと受け止められかねないためだ。

岸田は23年秋にも想定される臨時国会を見据え、再び衆院解散のタイミングを探ることになる。その「大義」を見いだすのは簡単ではない。サミットの効果は長く期待できない。岸田肝いりの少子化対策は、児童手当の拡充や給付型奨学金の対象拡大などの政策がおおむね決まっている。新しいアピール材料を探すことになるが、閣僚経験者からは「これからは大きな見せ場もなく、支持率はダラダラと下り坂になるのでは」と、冷ややかな声も漏れる。

一方、岸田は周囲に「解散という影響力を残せたことが大きい」とも語る。今秋以降も「解散カード」を懐にしのばせながら、政権運営を進めていく構えだが、マイナンバー問題などを抱え、カードを切る難しさは増している。

結局、岸田はそもそも首相として何をしたいのか。

つかみどころのない鵺のような政権のありようは、政治家・岸田文雄そのものを映し出している。

＊

政治記者にしかできないことは何か。今回の企画を通して、改めて、自問自答しました。いまやSNSで誰でも発信できる時代です。政策や政局を論評することは政治記者でなくてもできるでしょう。

政治家や官僚らに肉薄し、直接疑問をぶつける。ファクトを積み上げ、舞台裏や政治家の心境を描く。ここに私たち政治記者の存在意義の一つがあると考えています。本書では、現場の記者たちが岸田官邸の実像に迫りました。少しでもそれが伝われば、望外の幸せです。

本書は、2023年5月の大型連休に朝日新聞の紙面とデジタルに連載した「岸田官邸の実像」「国葬の代償」など過去の企画や記事に加筆し、再構成してまとめました。第1部は小野甲太郎記者が、第2部の第6～8章は石松恒記者が、第2部の第5章と第3部は東岡徹が執筆しました。

本書のもとになった一連の記事には、主に以下の記者が取材、出稿に関わりました。笹井継夫、笹山大志、古賀大己、西村圭史、小泉浩樹、坂本純也、枝松佑樹、市野塊、宮田裕介、楢崎貴司、小手川太朗、村松真次、岡本智、阿部彰芳、鬼原民幸、森岡航平、上地一姫、小野太郎、藤原慎一、白見はる菜、磯部佳孝、高橋杏璃、池尻和生、大津智義、高木真也。

書籍化に当たっては、朝日新聞出版書籍編集部の大﨑俊明さんにも多大なご協力をいただきました。この場を借りて、お礼申し上げます。

2023年8月

朝日新聞政治部次長　東岡　徹

東岡　徹 ひがしおか・とおる

1997年、朝日新聞入社。2005年から政治部。14〜17年、ソウル特派員。第２次安倍政権時代に首相官邸、外務省、国会の取材キャップを担当。朝日新聞労働組合本部執行委員長などを経て、政治部次長。

石松　恒 いしまつ・ひさし

2001年、朝日新聞入社。島根、京都の地方勤務を経て、06年から政治部。国会、野党、与党の取材キャップを担当。22年９月〜23年５月、首相官邸取材キャップ。６月からネットワーク報道本部次長。

小野甲太郎 おの・こうたろう

2002年、朝日新聞入社。奈良、岡山、東京編集センターを経て、10年から政治部で自民党、首相官邸、外務省を取材。20年、ハーバード大学日米関係プログラム客員研究員。21年12月〜23年５月、首相官邸取材サブキャップ。

朝日新書
923

鵺《ぬえ》の政権《せいけん》

ドキュメント岸田官邸620日

2023年9月30日第1刷発行

著　者　朝日新聞政治部

発行者　宇都宮健太朗
カバー
デザイン　アンスガー・フォルマー　田嶋佳子
印刷所　凸版印刷株式会社
発行所　朝日新聞出版
〒104-8011　東京都中央区築地 5-3-2
電話　03-5541-8832（編集）
　　　03-5540-7793（販売）

Published in Japan by Asahi Shimbun Publications Inc.
ISBN 978-4-02-295233-2
定価はカバーに表示してあります。

落丁・乱丁の場合は弊社業務部(電話03-5540-7800)へご連絡ください。
送料弊社負担にてお取り替えいたします。

60歳から めきめき元気になる人
「退職不安」を吹き飛ばす秘訣

榎本博明

退職すれば自分の「役割」や「居場所」がなくなると迷い悩むのは間違い！ やっと自由の身になり、これから輝くのだ。残り時間が気になり始める50代、離職して途方に暮れている60代、70代。そんな方々のために、心理学博士がイキイキ人生へのヒントを示す。

アベノミクスは何を殺したか
日本の知性13人との闘論

原 真人

「日本経済が良くなるなんて思っていなかった、でもやるしかなかった」（日銀元理事）。史上最悪の社会実験「アベノミクス」はなぜ止められなかったか。どれだけの禍根が今後襲うか。水野和夫、佐伯啓思、藻谷浩介、翁邦雄、白川方明ら経済の泰斗と徹底検証する。

教育は遺伝に勝てるか？

安藤寿康

遺伝が学力に強く影響することは、もはや周知の事実だが、誤解も多い。本書は遺伝学の最新知見を平易に紹介し、理想論でも奇麗事でもない「その人にとっての成功」（＝自分で稼げる能力を見つけ伸ばす）はいかにして可能かを詳説。教育の可能性を探る。

シン・男がつらいよ
右肩下がりの時代の男性受難

奥田祥子

「ガッツ」重視の就活に始まり、妻子の経済的支柱たることを課せられ、育休をとれば、肩書を失えば、同僚らから蔑視される被抑圧性。「男らしさ」のジェンダー規範を具現化できず苦しむ男性が増えている。誰もが生きやすい社会を、詳細ルポを通して考える。

朝日新書

高校野球　名将の流儀
世界一の日本野球はこうして作られた

朝日新聞スポーツ部

WBC優勝で世界一を証明した日本野球。その「心・技・体」の基礎を築いた高校野球の名監督たちの哲学に迫る。村上宗隆、山田哲人など、WBC優勝メンバーへの教えも紹介。松井秀喜や投手時代のイチローなど、球界のレジェンドたちの貴重な高校時代も。

「深みのある人」がやっていること

齋藤　孝

老境に差し掛かるころには、人の「深み」の差は歴然と表れる。そして深みのある人は周囲から尊敬を集める。だが、そもそも深みとは何なのか。「あの人は深い」と言われる人が持つ考え方や習慣とは。深みの本質と出し方を、人気教授が解説。

天下人の攻城戦
15の城攻めに見る信長・秀吉・家康の智略

渡邊大門／編著

信長の本願寺攻め、秀吉の備中高松城水攻め、真田丸の攻防をはじめ、戦国期を代表する15の攻城戦を徹底解剖！「城攻め」から見えてくる3人の天下人の戦術・戦略とは？　最新の知見をもとに、第一線の研究者たちが合戦へと至る背景、戦後処理などを詳説する。

新しい戦前
この国の〝いま〟を読み解く

内田　樹
白井　聡

「新しい戦前」ともいわれる時代を〝知の巨人〟と〝気鋭の政治学者〟は、どのように捉えているのか。日本政治と暴力・テロ、防衛政策転換の落とし穴、米中対立やウクライナ戦争をめぐる日本社会の反応など、歴史の転換期とされるこの国の〝いま〟を考える。

朝日新書

動乱の日本戦国史
桶狭間の戦いから関ヶ原の戦いまで

呉座勇一

教科書や小説に描かれる戦国時代の合戦は疑ってかかるべし。信長の鉄砲三段撃ち（長篠の戦い）、家康の問鉄砲（関ヶ原の戦い）などは後世の捏造だ！　戦国時代を象徴する六つの戦いについて、最新の研究結果を紹介し、その実態に迫る！

プア・ジャパン
気がつけば「貧困大国」

野口悠紀雄

かつて「ジャパン・アズ・ナンバーワン」とまで称されたわが国は大きく凋落し、購買力は１９６０年代のレベルまで下落した。経済大国から貧困大国に変貌しつつある日本経済の現状と復活策を、60年間世界をみつめた経済学の泰斗が明らかにする。

鵺《ぬえ》の政権
ドキュメント岸田官邸６２０日

朝日新聞政治部

朝日新聞大反響連載、待望の書籍化！　岸田政権の最大の危うさは「状況追従主義」にある。ビジョンと熟慮に欠け求心力がない。稚拙な政策のツケはやがて国民に及ぶ。つかみどころのない〝鵺〟のような虚像の正体に迫る渾身のルポ。

よもだ俳人子規の艶

夏井いつき
奥田瑛二

34年の短い生涯で約2万5千もの俳句を残した正岡子規。中には遊里や遊女を詠んだ句も意外に多く、ユーモアや反骨精神、ダンディズムなどが味わえる。そんな子規俳句を縦横無尽に読み込む、松山・東京・道後にわたる全三夜の子規トーク！

人類滅亡2つのシナリオ
ＡＩと遺伝子操作が悪用された未来

小川和也

急速に進化する、ＡＩとゲノム編集技術。画期的な技術ゆえ、制度設計の不備に〝悪意〟が付け込めば、人類の未来は大きく暗転する。「デザイナーベビーの量産」、「〝超知能〟による支配」……。想定しうる最悪な未来と回避策を示す。